Barbara Arzmüller

Wie innen, so außen

Spirituelle Praxistipps

Bitte fordern Sie unser kostenloses Verlagsverzeichnis an:

Smaragd Verlag
In der Steubach 1
57614 Woldert (Ww.)
Tel.: 02684.978808
Fax: 02684.978805
E-Mail: info@smaragd-verlag.de
www.smaragd-verlag.de

Oder besuchen Sie uns im Internet unter der obigen
 Adresse.

© Smaragd Verlag, 57614 Woldert (Ww.)
Deutsche Erstausgabe Januar 2009
Foto Cover:
© Bernd S. - Fotolia.com
Umschlaggestaltung: preData
Satz: preData
Printed in Czech Republic
ISBN 978-3-938489-80-2

Barbara Arzmüller

Wie innen, so außen

Spirituelle Praxistipps

Smaragd Verlag

Über die Autorin

 Barbara Arzmüller, Jahrgang 1960, ist Dipl.Ing. Innenarchitektin, Autorin, Astrologin beim Astro-Kolleg Allgeier & Noé sowie Chefredakteurin der Zeitschrift „Sternbild". Spezialisiert hat sie sich auf Feng Shui, energetische Reinigung und Harmonisierung von Räumen (Raum-Energie-Beratung), die Arbeit mit Symbolen, die Anfertigung von Talismanen sowie auf astrologische Beratungen.

Kontakt: www.stern-im-raum.de

Inhalt

Einführung

Fragt man die Menschen nach ihren Wünschen, so stehen eine glückliche Partnerschaft und Familie, ein erfüllender Beruf und Arbeitsplatz sowie eine gesicherte Existenz auf den vorderen Plätzen. Sie kommen gleich nach der Gesundheit. Darin sind wir uns also alle ähnlich. Je nach Alter, Lebensreife und Umfeld verrücken die Positionen ein bisschen, doch im Grunde lassen uns diese Themen nicht los. Sie sind wie Eckpfeiler, die das Leben ausmachen. Fehlt einer dieser Pfeiler, fühlt sich das als Problem an.

Wir können darunter leiden oder etwas dagegen tun. Sicher muss man nicht gleich in hektische Betriebsamkeit verfallen, wenn ein Lebensbereich nicht ganz rund läuft. Man kann sich Situationen durchaus eine Zeit lang anschauen, und manches regelt sich von selbst. Doch bevor ungeliebte Zustände zu Dauereinrichtungen werden und das große Leiden anfängt, ist es besser, aktiv zu werden. Wer weiß, vielleicht wurden uns die Hindernisse nur in den Weg gelegt, damit wir zeigen können, was wir drauf haben. Also, nichts wie los! Genau da fängt bei vielen Menschen die erste Schwierigkeit an. Anfangen würden sie ja gerne, wenn sie nur wüssten, wie. Doch dafür gibt es eine schöne Brücke: Man braucht sich nur umzuschauen! Schließlich sind wir nicht allein auf der Welt. Es ist hilfreich und wichtig zu sehen, wie es andere machen. Da sich die Probleme ähneln, können auch die Lösungen verwandt sein. Natürlich lassen sich weder die Lebensbedingungen noch die

Lösungen 1 : 1 übertragen, aber sie können als wertvolle Anregungen dienen. Lassen Sie sich inspirieren!

Die Beschreibungen der einzelnen „Fälle" entspringen dem realen Leben und stammen aus meiner Beratungspraxis der letzten fünfzehn Jahre. Sämtliche Personen gibt es, es wurden lediglich ihre Namen und einige persönliche Zusammenhänge so abgeändert, dass ihre Privatsphäre geschützt ist.

Den Energiefluss in Schwung bringen

„Der Ausgangspunkt für die großartigsten Unternehmungen liegt oft in kaum wahrnehmbaren Gelegenheiten."

(Demosthenes)

Energie ist, grob gesagt, das, was uns lebendig macht. Ohne Energie kein Leben. Als Mensch beziehen wir Energie in einfachster Form aus dem Essen, dem Trinken und natürlich durch den Atem. Dazu können wir unsere feineren Kanäle öffnen und uns Kraft aus der Erde und vom Himmel holen.

Diese Energie schwappt aber nicht wie ein Eimer Wasser auf uns zu, sondern verläuft in Bahnen, die unseren Körper durchziehen und umgeben. Mittels dieser Energiekanäle, Meridiane genannt, wird unser gesamtes System mit Kraft versorgt. In China wird diese Lebensenergie übrigens „Chi" genannt, in Indien „Prana". Wer sich mit chinesischer Medizin, Feng Shui, der indischen Chakrenlehre oder dem Auralesen beschäftig hat, wird diese Begriffe kennen.

Diese Energiebahnen sollen gewährleisten, dass die Lebenskraft gleichmäßig in alle Körperzonen verteilt wird. Doch wie es typisch ist für Leitungen aller Art, können diese auch verstopfen. Das ist schnell geschehen – durch zu flaches Atmen und eine ungesunde Ernährung beispielsweise. Aber auch negative Gefühle und Gedanken verursachen einen Stau oder eine Blockade. Damit wir uns gesund und fit fühlen, müssen diese Energiebahnen jedoch frei sein. Regelmäßige Meditationen, aber auch Sport und eine naturgemäße Lebensweise helfen dabei, den Energiefluss in unserem Körper in Schwung zu halten.

Solch ein Energiefluss ist aber bei Weitem nicht auf den menschlichen Körper beschränkt. Überall lassen sich energiereiche und gefährdete Gegenden finden, aber auch bevorzugte Staugebiete ausmachen – in jeder Landschaft, in jeder Stadt, in jedem Dorf. Genauso natürlich in jedem Haus und in jeder Wohnung. Auch Häuser haben in gewissem Sinn ein Eigenleben. Die besondere Atmosphäre, die jedes Zuhause aufweist, lässt sich gut als „Geist" dieses Hauses beschreiben. Außerdem hat jedes Haus seine starken und schwachen Plätze. Denken Sie nur an Ihren Lieblingsplatz auf dem Sofa, auf den Sie sich nach der Arbeit zurückziehen und wo Sie sich sofort wohl und geborgen fühlen! Genau derselbe Platz kann sich aber für eine Weile höchst ungemütlich anfühlen, wenn sich ein Gast ungefragt daraufgesetzt hat.

Unsere Umgebung bestimmt zum großen Teil unser Wohlgefühl mit. Wir richten uns stets so ein, wie es unserem inneren Zustand entspricht. Der alte Grundsatz „wie innen, so außen" weist auf diese Wechselwirkung hin. Hierin liegt eine große Chance verborgen. Denn jede Veränderung in unserem äußeren Umfeld wird zwangsläufig die gewünschte Veränderung in unserem Inneren herbeiführen. Stellen Sie also als Erstes fest, wie die Energie-bahnen in Ihrem Zuhause verlaufen, ob sie harmonisch fließen oder etwa blockiert sind.

Der Energiefluss in einem Raum lässt sich am ein-fachsten daran erkennen, wie die Blickrichtung verläuft. Unsere Augen wandern auf den unsichtbaren Energielini-en. Das hört sich einfach an und ist es auch. Sie können das auch sofort ausprobieren. Gehen Sie kurz aus dem Zimmer, und betreten Sie es dann erneut mit verstärkter Aufmerksamkeit. Was nehmen Sie wahr, wo schauen Sie hin? Fällt Ihnen ein Gegenstand sofort ins Auge? Oder zieht die herrliche Aussicht Ihren Blick auf sich? Suchen Ihre Augen die Tür gegenüber? Vielleicht schweifen Ihre Augen aber auch in großer Runde durchs Zimmer? Wenn Letzteres der Fall ist, dann herzlichen Glückwunsch! Der Energiefluss in diesem Raum ist harmonisch und ausge-glichen. In den anderen Fällen, wenn ein Gegenstand so mächtig ist, dass er die ganze Aufmerksamkeit auf sich zieht, bleibt für den Rest zu wenig übrig. Das mag für ei-nen Kunstgegenstand in einer Ausstellung passen, aber nicht für einen Wohnraum, in dem wir unsere Kräfte har-monisieren wollen. Ein bestimmter Punkt, der die Aufmerk-samkeit und damit die Energie fesselt und festhält, ist für den Wohnbereich ungeeignet. Sogar die grandiose Aus-sicht sollte nicht im Vordergrund stehen. Die Landschaft oder die Stadt, was immer man dort sieht, haben genug eigene Kraft, sie sind auf Ihre nicht angewiesen. Sie selbst aber brauchen Ihre Kraft in Ihrer Wohnung. Also halten Sie

sie drin! Im Wohnbereich sollte die Energie frei schwingen und fließen. Wird sie an einer Stelle konzentriert, fehlt sie an einer anderen. In diesem Fall sollten Sie für einen Ausgleich sorgen.

Rücken Sie zum Beispiel den Gegenstand, der immer ein Blickfang war, in eine Ecke, die bisher keiner wahrgenommen hat. Damit schlagen Sie zwei Fliegen mit einer Klappe: Die müde Ecke wird aufgewertet, der Gegenstand selbst drängt sich dagegen nicht mehr so in den Mittelpunkt, da er ja an einem weitaus schwächeren Ort steht.

Dekorieren Sie Ihre Fenster, wenn sich die Öffnungen als wahre Energiesauger erweisen. Nehmen Sie Statuen, Steine, Fensterbilder, Vorhänge oder Pflanzen – Variationen gibt es viele. Zu jedem Stil und Geschmack lässt sich etwas Passendes finden.

Ein ausgeglichener Energiefluss ist Voraussetzung dafür, dass überhaupt etwas geschehen kann. Denn wenn die Energie gestaut und blockiert ist, können Sie so viele Symbole aufstellen, wie Sie wollen – sie werden schwach oder gar nicht zur Wirkung kommen. Es wäre so, als wenn Sie ein Licht im Schrank anzünden. Das mag einen schwachen Schimmer nach draußen abgeben, aber so richtig hell macht es den Raum nicht.

Um die Energie ordentlich in Schwung zu bringen, ist es zudem nützlich, das Haus zu reinigen. Erst einmal grobstofflich, sprich, es gründlich zu putzen. Dann energetisch. Das lässt sich wunderbar mit Hilfe von Klängen, Wasser, Salz oder Rosenwasser durchführen. Auch eine Räucherung wirkt wahre Wunder. Es gibt die unterschiedlichsten Methoden hierfür, die dann am wirkungsvollsten sind, wenn Sie sich von ihnen angesprochen fühlen und sie gerne und mit Hingabe ausführen.

Den Energiefluss anzuregen ist, wie im Garten das Beet zu bereiten, damit gesät werden kann.

Yin und Yang, die uralten Gegensätze

„Es gibt nichts, das an sich gut oder schlecht wäre, nur das Denken macht es so."

(William Shakespeare)

Sicherlich kennen Sie das Symbol von Yin und Yang, die beiden Wellen, die ineinander verschlungen sind und erst gemeinsam den vollendeten Kreis bilden. Yin und Yang, das sind die uralten Gegensätze, die sich anziehen, die einander bedürfen, aus denen unsere Welt aufgebaut ist. Yin ist weiblich, weich, aufnehmend, passiv, kalt. Yang ist männlich, hart, gebend, aktiv, heiß. Ohne Wertung, versteht sich. Die Eigenschaften sind lediglich als gegensätzliche beziehungsweise einander ergänzende Prinzipien zu verstehen. Das eine ist nicht besser als das andere. Es ist lediglich sein Gegenstück. Das eine ohne das andere ist nicht vollständig.

Überwiegt eines dieser Prinzipien, entsteht unwillkürlich die Sehnsucht nach dem anderen. Ist es zu dunkel, sehnt man sich nach Licht. In gleißender Helligkeit würde ein wenig Schatten guttun. Umgeben von Steinen wünscht man sich etwas Weiches. Inmitten von lauter Kissen sucht man nach einer festen Struktur. Wer zu viel gibt, ist irgendwann leer und wird zwangsläufig zum aufnehmenden Gefäß. Wer ausschließlich nimmt, fließt eines Tages über und wird dadurch automatisch zum Gebenden. Wenn wir lange genug warten, sorgt das Leben selbst für den notwendigen Ausgleich. Doch dann kann bereits eine Krise eingetreten sein. Der Ausgleich erfolgt vielleicht zu heftig und ist auch nicht mehr regulierbar. Wir können schon weit vorher Einseitigkeiten feststellen und rechtzeitig für Harmonie sorgen.

Das gilt für unser körperliches, seelisches und geistiges Wohlbefinden genauso, wie eben für unser Zuhause. Denn wo sonst, wenn nicht in unserem Heim, finden wir Ruhe und Kraft? Natürlich ist es ein guter Vorschlag, in die Natur hinauszugehen und einen Baum zu umarmen. Doch bei den meisten Tagesabläufen lässt sich das selten länger als ein paar Minuten am Tag verwirklichen, wenn überhaupt. Wichtige Teile des Lebens finden in der Regel zu Hause statt. Hier schlafen, essen, reden und faulenzen wir oder gehen unseren Hobbys nach. Unser Zuhause dient dem Aufbau und Schutz der eigenen Persönlichkeit. Von einem Arbeitsplatz können wir das nicht fordern. Auf die Gestaltung des Arbeitsplatzes haben die meisten einfach zu wenig Einfluss. Von der Kneipe und dem Kino oder den Läden, die wir gerne besuchen, können wir das auch nicht verlangen. Aber unser Zuhause dürfen und sollen wir so gestalten, dass es uns stärkt, schützt und fördert. Es wäre schade, diese Chance nicht zu nutzen. Das wäre, als würden wir uns nicht um unseren Körper kümmern. Den haben wir ja auch bekommen, damit er uns gut durchs Leben trägt. Daher wäre es schlichtweg dumm, ihn nicht gut zu behandeln. Für unser Zuhause gilt das Gleiche: Es beschützt uns, gibt uns ein Dach über dem Kopf, hält uns warm und trocken. Wir können hier zur Ruhe kommen, Frieden finden, Stress abbauen, Kraft tanken.

Fangen Sie auch hier mit einer einfachen Übung an und spüren Sie die Gegensätze in Ihrem Zuhause auf! Machen Sie sich auf und werfen einen kritischen Blick auf Ihre Einrichtung. Betreten Sie Ihre Wohnung, als würden Sie zum ersten Mal hineingehen. Wie ein interessierter Besucher. Was fällt Ihnen auf? Achten Sie vor allem auf Einseitigkeiten. Ist ein Raum zu dunkel, zu hell, in der Farbwahl beschränkt? Gibt es hier ausschließlich Metall oder überwiegt das Holz? Sind die Möbel alle sehr wuchtig und schwer, dafür aber auch unbeweglich? Oder sind sie federleicht, strahlen aber wenig Stabilität und Vertrauen aus? Sind Sie ein Farbenfreund, lieben Sie Designermöbel in Schwarz und Weiß, oder haben Sie sich konservativ, aber gemütlich in Braun und Beige eingerichtet? Bevorzugen Sie den reduzierten japanischen Stil, rustikale Holzmöbel oder bunte, amerikanische Plastikware? Was sammeln Sie: Bücher, Blechspielzeug, Steine oder Musikinstrumente?

Schauen Sie genau hin! Grundsätzlich gilt: Spitze Gegenstände regen an, aber sie regen auch auf. Runde oder abgerundete Gegenstände gleichen aus, glätten und harmonisieren. Ein Zuviel davon kann schläfrig machen.

Bunte Gegenstände verbreiten Fröhlichkeit, doch im Übermaß machen sie aufgedreht und hektisch. Dunkle Flächen fördern die Konzentration. Überwiegen sie, können sie aber die Stimmung nach unten drücken. Helle Flächen bringen Licht in den Raum, einer ausschließlich hellen Einrichtung fehlt jedoch die Ausstrahlung von Geborgenheit. Schwere Objekte geben Festigkeit und Stabilität, aber sie können auch erstarren lassen. Leichte Objekte lockern auf und vermitteln Leichtigkeit und Lustigkeit. Bewegliche Objekte bringen eine festgefahrene Situation in Schwung. Zu viele leichte und bewegliche Möbel lassen jedoch den Halt vermissen, sie verbreiten Unsicherheit.

Achten Sie darauf, wie Ihre Umgebung auf Sie wirkt. Stellen Sie sachlich fest, wo es einen Überhang gibt und wo ein Defizit. Versuchen Sie das ohne Wertung. Das eine ist nicht schlechter oder besser als das andere, es ist nur eben zu viel oder zu wenig vorhanden.

Dann sorgen Sie für Ausgleich. Bringen Sie in einen Raum, der überwiegend mit leichten, fast zerbrechlich wirkenden Möbeln ausgestattet ist, mehr Festigkeit. Zwei, drei große Steine oder Felsbrocken genügen schon, die Sie als interessante Gruppe auf dem Boden drapieren. Der Raum bietet sofort mehr Halt – das ist es, was auf Sie als Bewohner wirkt.

Hängen Sie neben ein schweres, dunkles Regal eine Kinderzeichnung auf, stellen Sie Blechspielzeug in ein Regalfach oder befestigen Sie davor ein Klangspiel. Etwas, das ein bewegliches, leichtes und spielerisches Moment vermittelt.

Leuchten Sie einen zu dunklen Raum besser aus. Schaffen Sie in einem zu hellen Raum mit großen Fensterfronten eine geschützte Nische.

Sie sehen schon, Sie brauchen für diese Veränderungen nicht Ihren Einrichtungsstil aufzugeben. Sie sollen nur das ausgleichen, was an Störfeldern dabei entsteht. Sie können weiterhin Ihre leichten oder schweren Möbel bevorzugen, es sich in Ihrer Höhle gemütlich machen oder Ihre lichten Farben genießen. Aber indem Sie sich durch markante Gegenstände an das Gegenteil dessen, was Sie bevorzugen, nur erinnern lassen, haben Sie den Schritt zum Ausgleich getan. Dieses Gefühl werden Sie schätzen. Es lässt Sie aufatmen. Denn mit zunehmender Harmonie wird alles einfacher – weil es fließt.

Die ideale Reihenfolge:
Energiefluss, Symbole, Platzierung

„Auch aus Steinen, die in den Weg gelegt werden, kann man Schönes bauen."

(Johann Wolfgang von Goethe)

Den Energiefluss in Schwung zu bringen, ist die Grundlage, dass überhaupt etwas verändert werden kann. Es empfiehlt sich, jeden einzelnen Raum der Wohnung durchzugehen. Als Nächstes sorgen Sie für Ausgleich und Harmonie, indem Sie Einseitigkeiten aufspüren und das Ungleichgewicht von Yin oder Yang ausgleichen. In manchen Fällen ist es damit bereits getan und Sie können – munterer und fröhlicher als zuvor – drauflosleben.

Doch in den meisten Leben gehen die Wünsche weit über eine bloße Harmonisierung hinaus. Der eine wünscht sich eine zufriedene Partnerschaft, der andere braucht mehr Geld, der nächste sucht Anerkennung in seinem Beruf, wieder ein anderer hätte gern einen größeren Freundeskreis und so weiter und so fort. Dann gehen Sie einfach einen dritten Schritt! Um Wünschen zur Verwirklichung zu verhelfen, gibt es eine uralte und doch einfache Methode: Setzen Sie Symbole ein! Noch weiter bekräftigen können Sie die Wirkung dieser Symbole übrigens, wenn Sie sie auf einen besonderen Platz stellen, wie es im Kapitel „Alles am richtigen Ort" beschrieben ist. Doch machen Sie sich zunächst einmal mit Symbolen vertraut.

Die Kraft der Symbole

Einen geheimnisumwitterten Reiz üben Symbole auf uns aus. Vielleicht, weil sie uns an alte Mythen und an die Märchen unserer Kindheit erinnern, die voll mit Symbolen sind. Auch die Religionen arbeiten seit Urzeiten damit: Sie vereinen ihre Anhänger unter einem bestimmten Zeichen, verleihen durch spezielle Insignien ihren Priestern geistige Führungskraft und versehen ihre Bauwerke mit Schutz- und Bannsymbolen.

In allen Kulturen hat es eine lange Tradition, Symbole für Wunscherfüllung einzusetzen. Eine Münze, ein Herz, ein Stein, was wurde und wird nicht alles verwendet, um sich Geld, Liebe, Gesundheit und vieles mehr herbeizuwünschen. Unser Geist braucht im Grunde keine Symbole. Es würde also theoretisch reichen, sich die Wünsche rein abstrakt vorzustellen. Meistens aber funktioniert das nicht besonders gut. Der Grund: Wir bestehen eben nicht nur aus Geist. Wir sind Wesen aus Fleisch und Blut, wir sind auch Materie. Schon allein aus diesem Grund fällt es uns viel leichter, wenn wir zur Bestärkung unserer Wünsche ein anfassbares Symbol benutzen können. Außerdem ist da noch unser Unterbewusstsein. Das, so haben Forscher ermittelt, reagiert ganz stark auf Bilder. Was wäre besser, als ein Symbol zu benutzen, wenn wir Zugang dazu bekommen wollen?

Stellen Sie sich einen Menschen vor, dem in der Kindheit gesagt wurde: „Du taugst nichts, du wirst es nie zu etwas bringen". Nun umgibt er sich mit Symbolen, die seinem Unterbewusstsein tagtäglich Erfolg und Anerkennung signalisieren. Das wird nach einiger Zeit seine Wirkung zeigen! Oder jemand, der eine schwere Enttäuschung erlebt hat, der von seinem Partner betrogen und verlassen wurde. Jetzt umgibt er sich mit Symbolen, die ihm Liebe, Zärtlichkeit und Vertrauen vermitteln. Sein Herz wird wieder aufblühen, und er wird offen für eine neue Partnerschaft.

Wenn wir das Bewusstsein und das Unterbewusstsein gleichermaßen mit Symbolen füttern, kann sich das ganze Leben verändern. Es ist wie eine Neuprogrammierung.

Was ist eigentlich schon da?

Suchen Sie doch einmal Ihre Umgebung nach Symbolen ab. Sie meinen, es gäbe bei Ihnen keine? Weit gefehlt! Vermutlich weiß Ihr Unterbewusstsein mehr als Sie. Für irgendwelche Formen und Farben bei Schmuck, Kleidung, Stoffen und Möbeln, für irgendwelche Bilder haben Sie sich ja schließlich entschieden. Und schon sind Sie umgeben von Symbolen. Es ist kein Zufall, dass der eine Rosenmuster bevorzugt, der andere schwarz-weißes Karo, der eine seine Garderobe vorwiegend in Schwarz hält, der andere strahlendes Gelb aussucht und wieder ein anderer Herbstfarben. Dass sich der eine ein Kreuz als Anhänger für die Halskette wünscht, der andere eine Sonne.

Schauen Sie sich also noch einmal Ihre Wohnung an, durchforsten Sie Schmuck und Kleidung. Diese Übung fördert übrigens so ganz nebenbei auch Ihre Wahrnehmung. Welche Formen tauchen gehäuft auf? Dreiecke oder eher runde Formen? Welche Form hat Ihr Spiegel? Und der Rahmen Ihres Lieblingsbildes? Welche Muster finden sich in Ihrer Kleidung, in Ihren Stoffen? Gibt es etwas, das immer wiederkehrt? Welche Bedeutung verbinden Sie damit? Was meinen Sie, tun Ihnen diese unbewusst ausgesuchten Symbole gut? Wenn nicht, dann wechseln Sie die Teile aus und ersetzen Sie sie durch bewusst ausgesuchte Stücke.

Symbole gibt es überall

Erst einmal sind Symbole ja nichts anderes als ein grafisches Element, eine geometrische Figur, eine bildliche Darstellung. Dazu haben sie eine tiefere Bedeutung. Wer sie kennt, der weiß, welche Macht hinter solchen Symbolen steckt.

Ob diese Macht von Beginn an in solch einem Zeichen verborgen lag und von Menschen entschlüsselt wurde oder ein Zeichen erst mit einer Bedeutung belegt wurde, lässt sich nicht mit Sicherheit ermitteln. Vieles spricht dafür, dass die geometrischen Urformen wie Kreis, Dreieck und Quadrat schon immer mit ihrer Bedeutung fest verknüpft waren. Sie zählen zu den stärksten Symbolen überhaupt.

Kompliziertere grafische Symbole und hauptsächlich bildliche Darstellungen hängen dagegen eng mit der kulturgeschichtlichen Entwicklung eines Volkes zusammen. So sind bei uns das Kreuz, die Spirale und die liegende Acht gebräuchlich, auch der Ring und vielzackige Sterne, aus Asien kommt das Yin-Yang-Zeichen, aus dem alten Ägypten das Henkelkreuz, das Ankh.

Zu den bildlichen Symbolen gehören Herz, Rose, Auge, Fische und Muschel. Daneben zählen auch Formen aus alten Schriften, wie etwa die germanischen Runen, zu den Symbolen. Ferner können Tiere, Pflanzen, Landschaftsformen und bestimmte Bauten mit Symbolgehalt belegt werden. So steht etwa ein Rabe für eine Prophezeiung, eine Palme für Triumph, ein Blitz für Erleuchtung, ein Berg für die Suche nach Wahrheit und ein Turm für Schutz. Schauen wir uns einzelne Symbole näher an:

Warum ein Kreis Unendlichkeit symbolisiert

Naturgemäß versinnbildlicht der Kreis Unendlichkeit und Vollkommenheit. Schließlich gibt es beim Kreis weder Anfang noch Ende, es gibt keine bevorzugte Richtung, es braucht keine Entwicklung, ein Kreis ist ewig und vollendet. Er ruht in sich.

In der Astrologie hat die Sonne, der wichtigste Planet, als Symbol einen Kreis. In der Alchemie steht der Kreis für

Gold, das wertvollste Metall. Ein Kreis bezeichnet den Himmel und das göttliche Prinzip. In vielen alten Kulturen wird die oberste Gottheit mit einer Sonne gleichgesetzt und mit einem Kreis symbolisiert. Ein geöffnetes siebtes Chakra, das zeigt, dass ein Mensch von der göttlichen Kraft berührt und geheiligt wird, zeigt sich für Aurasichtige als Heiligenschein. Dieser wird in der künstlerischen Darstellung mit einem Kreis dargestellt, der über dem Kopf schwebt.

Ein Kreis ist in der Tat das Symbol der Vollendung. Er ist ohne Ecken und Kanten. Die haben jedoch wir Menschen, und genau die wollen wir uns die ganze Zeit abschleifen – eben, um vollkommen zu werden.

Warum ein Quadrat Sicherheit verströmt

Ruhe und Stabilität strahlt zwar auch ein Quadrat aus, aber dennoch wieder ganz anders als ein Kreis: hier gibt es Ecken! Dazu hat ein Quadrat vier verschiedene Richtungen, wenn auch – im Vergleich zum Kreuz – nur angedeutet. Dieser Form, so friedlich sie auf den ersten Blick wirkt, ist also eine gewisse Spannung gegeben.

Das Quadrat als Urform wird mit der Erde in Verbindung gebracht. In Mesopotamien, in Persien und im alten China wurde die Erde als Quadrat dargestellt, im Vergleich zum Himmel, der stets als Kreis gezeichnet wurde.

In einem Quadrat spiegelt sich die alte Sehnsucht der Menschen wider, die Dinge ordnen zu wollen. Vielleicht bevorzugen wir deshalb auch eine Bauweise, in der der Neunzig-Grad-Winkel eine so überragende Bedeutung hat. Auf dem Reißbrett geplante Städte wurden schon in alter Zeit gerne in „Viertel" angelegt – das schafft Ordnung und Übersicht.

Warum ein Kreuz bei Entscheidungen hilft

Aus dem Quadrat abgeleitet ist das Kreuz. Das aber zeigt viel stärker, als es ein Quadrat je könnte, in vier verschiedene Richtungen. Aufgespannt zwischen allen Extremen, zwischen diesen eine Verbindung suchend – was ein echtes Kreuz werden könnte.

Aber ein Kreuz hilft, seinen Weg zu finden, legt es doch erst einmal Richtungen fest. Es dient der Orientierung in Zeit und Raum, den Dimensionen, denen wir hier auf der Erde ausgesetzt sind, und der Findung des eigenen Standpunkts, ebenfalls eine unserer Aufgaben. Bei uns ist das Kreuz natürlich auch untrennbar mit dem Christentum verbunden. Die christliche Lehre kann demjenigen, der sich darauf einlässt, helfen, mit dem Leben auf der Erde und den damit verbundenen Aufgaben besser fertig zu werden.

Daneben werden die vier Himmelsrichtungen (Norden,

Süden, Osten, Westen) sowie die vier Elemente (Wasser, Erde, Feuer, Luft) dem Kreuz zugeordnet. Steht das Quadrat für die Erde selbst, so steht das Kreuz für das Leben auf der Erde. Auf einer Linie ist eine Entwicklung möglich. Auf zwei Linien ist eine Entscheidung nötig, in welche Richtung wir gehen wollen. So ist das Leben...

Warum ein Dreieck so dynamisch wirkt

Dynamisch zeigt sich das Dreieck und steht dennoch gleichzeitig für Stabilität (ein Tisch mit drei Beinen wackelt nicht). Im Christentum ist das Dreieck das Symbol für die göttliche Dreifaltigkeit. In der Überlieferung symbolisiert ein gleichschenkliges Dreieck mit der Spitze nach oben das Feuer beziehungsweise das männliche Prinzip, ein ebensolches Dreieck mit der Spitze nach unten steht für Wasser beziehungsweise das weibliche Prinzip. Beide Dreiecke zusammen bilden den Davidstern, das Symbol der jüdischen Religion.

Durch die Verbindung der beiden Dreiecke entsteht also das Hexagramm. Es vereinigt die beiden Urkräfte (weibliche und männliche Kraft) des Universums. Es soll zeigen, dass alles zwei Seiten hat, aber trotzdem ein Ausgleich und ein Zusammenwirken möglich sind. Trotz oder gerade wegen dieser Gegensätzlichkeit kann gemeinsam etwas Schönes und Harmonisches entstehen.

Was am Fünfstern magisch ist

Eine Sonderstellung nimmt der Fünfstern ein, das Pentagramm beziehungsweise der Drudenfuß, da es in zwei Richtungen verwendet werden kann. Auch dieses Symbol steht für die Elemente, jetzt ist aber noch ein fünftes hinzugekommen, nämlich der Äther, der Geist.

Das hatte Leonardo da Vinci vermutlich ausdrücken wollen, als er den menschlichen Körper in einen fünfstrahligen Stern einzeichnete. Unterscheidet den Menschen von der Tierwelt doch, dass er Geist besitzt (wenn man es auch manchmal kaum glauben kann). Durch diese Gabe wurde der Mensch über die Materie (das Kreuz oder Quadrat) erhoben. Mit dem Geist hat der Mensch auch Macht bekommen, einen freien Willen und damit die Wahl, sich der dunklen oder der hellen Seite zuzuneigen.

So bietet ein Pentagramm mit der Spitze nach oben Schutz vor bösen Geistern. Es gilt als das weißmagische Zeichen. Zeigt die Spitze dagegen nach unten, werden dunkle Wesenheiten eingeladen. Das Symbol heißt nun Drudenfuß und gilt als schwarzmagisch.

Was macht ein Tier, eine Pflanze, einen Gegenstand zum Symbol?

August Wolfstieg schrieb vor etwa hundert Jahren: „Ein Symbol entsteht überall da, wo man einer realen Tatsache, einer Zahl, einem Wort, einem Zeichen, einer Pflanze, einem Bild oder Bauwerk usw. ... eine tiefere Bedeutung unterlegt". Ganz gleich, ob von Menschen erdacht oder in der Beobachtung aufgezeichnet.

Bei Tieren etwa wurden ihre hervorstechendsten Fähigkeiten für die Symbolik verwendet. So gilt der Löwe als mächtig, der Hase als schnell, der Adler als weitblickend.

Bei Sonne und Mond sind es ihre Wirkungen, die sie auf den Menschen ausüben. Die Sonne gilt, da sie den Tag erhellt, als Symbol für Licht und, davon abgeleitet, für Wahrheit. Der Mond dagegen, der schwärmerische Gefühle wachzurufen vermag, aber immer ein wenig undurchschaubar und unheimlich bleibt, steht für das Dunkle und Unbewusste und auch für das Weibliche.

Bestimmte Naturerscheinungen rufen in uns allen dieselben Gefühle hervor: Staunen, Demut, Ehrfurcht, Freude oder Glück. Betrachtet man einen stillen See, einen mächtigen Fluss, einen schroffen Felsen oder einen rotglühenden Sonnenuntergang, so ändert sich unwillkürlich die Stimmung. Das erklärt, warum – kulturübergreifend – besondere Berge als heilig gelten, Wasserfälle als kraftspendend und Rosen als vollendet.

Warum ein Apfel Leben spendet

Wie kam eigentlich der Apfel zu seinem Ruf als besondere Frucht? Nun, schon in der Bibel werden ihm Zauberkräfte zugeschrieben – hat doch Eva ihren Adam mit einem Apfel verführt! Auch Hera und Zeus erhielten zu ihrer Hochzeit von der Erdgöttin Gaia einen Apfel zum Geschenk – als Zeichen der Fruchtbarkeit. Weiter gelten Äpfel als Symbol der Liebesgöttin Aphrodite. In der nordischen Mythologie schließlich verwahrt die Göttin Iduna besondere Äpfel: Wer diese isst, erhält ewige Jugend.

Im Volksmund wurde dieses Wissen weitergegeben. So soll es dem Erhalt der Gesundheit dienen, täglich einen Apfel zu essen. Daher gilt dieser noch heute als Symbol des Lebens. Lust, Lebenslust und Gesundheit liegen da ganz nahe beieinander. Daneben hat der Apfel aber auch mit Wissen und weltlicher Macht zu tun, stammt er doch vom Baum der Erkenntnis. Im Mittelalter diente er als Reichsapfel als Symbol der Macht.

Lebensfreude, Gesundheit, Fruchtbarkeit, Wissen und Macht sind also die Gaben eines Apfels. Vielleicht wäre es für allzu abgehobene, nur noch spirituell orientierte Menschen kein schlechter Ausgleich, öfter einen Apfel zu essen.

☆☆

Warum ein Auge schützt

Augen, die vermutlich wichtigsten Sinnesorgane des Menschen, ermöglichen das Sehen im ganz normalen körperlichen Sinne. Der Gedanke liegt nahe, sie auch als Symbol für das geistige Schauen zu verwenden.

Augen gelten daher auch als Fenster der Seele. „Schau einem Menschen in die Augen", so heißt es, „und erkenne seine Seele." So kann der Blick eines Menschen magisch anziehen, kann Mitgefühl, Kraft und Liebe verströmen – aber auch Böses aussenden.

Für Kundige lässt sich die Aufrichtigkeit und Weisheit eines Menschen an seinen Augen ablesen. Vermutlich steht deshalb die Abbildung eines Auges für Licht, Erleuchtung und Bewusstheit. In ein Dreieck gefasst gilt das Auge als Symbol Gottes – er schaut auf uns, ist stets gegenwärtig. Ein mächtiges Schutzsymbol!

Warum ein Ring verbindet

Dem Ring liegt als Form der Kreis zu Grunde, und dieser versinnbildlicht ja Ewigkeit und Unendlichkeit. Der Ring bringt den Kreis also in eine körperliche Form. Ein Ring, als Freundschafts- oder Ehering, wird überreicht als Zeichen der inneren Verbundenheit, um ein Band zu festigen. Aber: Ein Ring schließt auch ab. Kann er doch auch verwendet werden, um jemanden gefangenzuhalten. Es hat eben alles zwei Seiten. Bindung kann Sicherheit geben, Bindung kann aber auch einengen und belasten.

Seine magische Komponente sollte auch bei einem Ring als Schmuckstück nicht vergessen werden. Durch Edelsteine, eine Gravur oder eine Botschaft, die vor dem Verschenken auf den Ring übertragen wird, kann die Bindung zu seinem Träger verstärkt werden – was wiederum ein Segen oder ein Fluch sein kann: Der Ring kann Treue beschwören und Beständigkeit ausdrücken, aber auch Abhängigkeiten hervorrufen.

Warum Fische Hoffnung schenken

Bei den frühen Christen galten Fische als geheimes Erkennungszeichen. Eine der Erklärungen dafür ist, dass das griechische Wort für Fisch (= Ichthys) als Abkürzung für „Jesus Christus, Gottes Sohn, Erlöser" gedeutet wurde. Eine andere Erklärung ist, dass Jesus Christus wegen seiner Heilslehre als Verkünder des damals beginnenden Fische-Zeitalters galt. Auch fand die Konjunktion von Jupiter und Saturn zur Zeit von Jesu Geburt im Zeichen der Fische statt. Dieses Tierkreiszeichen gilt als spirituell, mitleidig und gefühlvoll. Es symbolisiert die Verbindung zum Unbewussten. Denn immerhin leben Fische im Wasser, und das wiederum wird als das Element des Unbewussten und als Symbol der tiefen Gefühlswelt gesehen.

Fische bringen also Mitgefühl und Hoffnung auf Seligkeit – aber nicht erst seit dem Christentum. Schon im vorchristlichen Mittelmeerraum galten sie als Glückszeichen, in China übrigens auch als Zeichen des Überflusses. Ein Goldfischbecken im Eingangsbereich soll nach der Lehre des Feng Shui Glück und Wohlstand bringen.

Holen Sie dieses alte und kraftvolle Symbol aus der Versenkung, wenn Sie dazu neigen, allzu schnell die Hoffnung aufzugeben. Lassen Sie Hoffnung in Ihrem Leben zu, und lassen Sie damit das Glück hereinströmen!

Warum die Rose für Liebe steht

Aus dem Blut des Adonis, dem wunderschönen Geliebten der Liebesgöttin Aphrodite, soll bei seinem Tod die erste rote Rose gewachsen sein. Seither gilt sie als Symbol der Liebe, die selbst der Tod nicht zu beenden vermag.

Im Christentum gilt die rote Rose als Symbol der göttlichen Liebe, rot wie das Blut, das Christus für uns aus Liebe vergossen hat. Auch die Heilige Maria, die ein offenes und mitleidiges Herz für alle Menschen hat, wird häufig mit Rosen dargestellt.

Erst im Mittelalter wurde die Rose von Dichtern und Sängern zur Blume der irdischen Liebe erkoren, zum Symbol für Verlangen und Leidenschaft.

Wer den ursprünglichen Gedanken hatte, die Rose mit der Liebe gleichzusetzen, muss die Schönheit und Vollendung gekannt haben, zu der die Liebe einen Menschen zu erheben vermag. Genau so schön und vollendet ist eine Rose. Er muss aber auch den Schmerz gekannt haben, den Liebe verursachen kann, denn immerhin hat er eine Blume mit Dornen als Symbol ausgewählt und kein Gänseblümchen. Oder sollen die Dornen sagen: „Liebe macht nicht schwach, sondern wehrhaft und stark"!?

Das passende Symbol suchen

Um eine bestimmte Eigenschaft oder Verhaltensweise zu verändern, können Sie durchaus ein Symbol einsetzen. Machen Sie sich zuerst das Thema bewusst, das Sie bearbeiten möchten. Entscheiden Sie sich dafür, es nun zum Positiven hin zu verändern.

Vielleicht sind Sie eher ängstlich veranlagt und wünschen sich mehr Mut und mehr Risikobereitschaft. Oder Sie werden allzu schnell nervös, wären aber auch gerne mal der ruhende Pol, selbst wenn um Sie herum der Sturm tobt. Oder Sie igeln sich zu oft ein, dabei wissen Sie eigentlich, dass Ihnen Freunde guttun, das heißt, Sie wollen Ihre Kontaktbereitschaft fördern.

Aber auch, wenn eine Eigenschaft oder Verhaltensweise schon weit entwickelt und gut ausgeprägt ist, gibt es meist noch Steigerungsmöglichkeiten. Zumindest könnte daran gelegen sein, das bisher Erreichte zu sichern und zu erhalten. Das könnte etwa sein, dass Sie zwar in einer glücklichen Partnerschaft leben, sich aber dennoch mit Herzen und Rosen umgeben möchten. Gerade um zu zeigen, die Liebe soll erhalten bleiben und sogar noch wachsen.

Es könnte auch sein, dass Sie zwar täglich meditieren oder beten, also einen guten und schönen Kontakt zur göttlichen Welt aufgebaut haben, aber dennoch zusätzlich religiöse Symbole bei sich tragen. Eben um zu zeigen, dass Sie diese wunderbare Verbindung aufrechterhalten und noch weiter verstärken möchten.

Wählen Sie nun aus den bekannten Symbolen eines für sich aus, das Ihre gesuchte Qualität widerspiegelt. Die Bedeutung der Ursymbole ist in diesen selbst verankert. Sie können also ohne zu zögern einen Kreis als Symbol der Vollkommenheit verwenden, um selbige bei sich zu fördern, oder ein Quadrat, um Ruhe hereinzuholen.

Es können durchaus auch ungewöhnliche Symbole sein, von denen Sie sich angesprochen fühlen. Vielleicht lässt Sie diese merkwürdig gestellte Leiter nicht mehr los, die Sie vor langer Zeit in einem Wappen gesehen haben. Oder Sie denken immer wieder an das Reh, das Sie beim letzten Waldspaziergang beobachtet haben. Oder Sie können einfach nicht diese herrlich exotische Pflanze vergessen, die Sie kürzlich in einem Bildband gesehen haben. Oder ist es die Vogelfeder, die gestern auf Ihrem Weg lag?

Forschen Sie nach, etwas über diese Zeichen herauszufinden, graben Sie nach, was Sie daran so anspricht, welche Gefühle der Gedanke daran in Ihnen weckt. Wer aufmerksam durch die Welt geht, wird immer mehr solche kleinen Erlebnisse wahrnehmen und sich vielleicht von der Feder anregen lassen, mal wieder einen Höhenflug zu unternehmen. Oder er fängt beim Anblick der schönen Blume spontan an zu dichten, wie schon seit zwanzig Jahren nicht mehr...

Werden Sie kreativ und entdecken Sie Ihre eigenen Symbole! Entwickeln Sie Sinnbilder für Ihre persönlichen Wünsche, vielleicht vermischt mit vorhandenen Elementen. Sie können die Aussagekraft dadurch wunderbar verstärken!

Alles am richtigen Ort

„Lernen besteht in einem Erinnern von Informationen, die bereits seit Generationen in der Seele des Menschen wohnen."

(Sokrates)

Die Kraft der einzelnen Symbole lässt sich enorm verstärken, wenn sie auf einen Platz gelegt werden, der ihre eigene Energie unterstützt. Dieses Wissen wurde in diversen Lehren, wie im chinesischen Feng Shui oder im indischen Vatsu, genau erforscht und zu einem komplexen System ausgebaut. Ähnlichkeiten in unseren Gebräuchen und den fremden Systemen lassen sich trotz aller Widersprüche eine Menge finden. Vielleicht kennen Sie den lateinischen Ausdruck „ex oriente lux", zu Deutsch „aus dem Osten kommt das Licht." Die Sonne, die uns das Licht bringt, und damit die Energie, geht im Osten auf. Wo alles herkommt, ist also der Osten, im Feng Shui gleichgesetzt mit „Eltern, Vorfahren, Autoritäten." Wie passend, da geht uns doch ein Licht auf! Aber wo alles hingeht, wo die Sonne untergeht, das ist die Zukunft. Im Feng Shui als „Kinder, Kreativität" benannt.

Oder denken Sie an den Feng-Shui-Bereich „Ruhm, Erfolg, Anerkennung", der dem Süden zugeordnet wird. In der abendländischen Astrologie steht der MC, der den höchsten Punkt der Sonne, den Süden, symbolisiert, für das Lebensziel, für Ansehen und Erfolg. Merkwürdig? Oder doch logisch?

Wir können davon ausgehen, dass sowohl in China als auch in Indien und genauso bei uns ein altes, allen gemeinsames Urwissen dahintersteckt, das wir nutzen dürfen.

Sich nun eine exotische Lehre überzustülpen wird aber selten funktionieren. Nicht alles, was in den chinesischen oder indischen Traditionen selbstverständlich passt, ist auch für uns nachvollziehbar. Es hat sich gezeigt, dass manche „Westler" sehr stark auf diese Regeln ansprechen, andere kaum eine Wirkung verspüren. Das sind in der Regel die Menschen, die besonders verstandesbetont sind und wissen wollen, warum sie etwas tun sollen. Nach den Jahrhunderten mit fragloser Pflichterfüllung ist diese Freiheit des Denkens und Hinterfragens durchaus berechtigt. Wir sollten uns darüber nicht grämen. Es läuft also darauf hinaus, individuelle Lösungen zu suchen.

Das Wissen vom richtigen Platz wurde in unserem Kulturkreis nicht in eine bestimmte Lehre gefasst. Die Bruchstücke, die in alten Bräuchen durchaus vorhanden sind, müssen erst wieder ausgegraben werden. So haben zum Beispiel in früherer Zeit die Bauern, bevor sie ihr Haus bauten, versucht, einen Ameisenhaufen anzusiedeln. Wo diese sich wohlfühlten, war der schlechteste Platz für das Schlafzimmer. Nein, nicht direkt wegen der Ameisen. Ameisen, so haben Rutengänger festgestellt, siedeln sich an Störstellen an. Die dort ausgestrahlte Unruhe ist für uns kaum auszuhalten. Und das auch, wenn die Ameisen nicht da sind, denn die Störstelle bleibt ja trotzdem.

Reste dieses Urwissens leben auch in heutiger Zeit in uns fort. Wir haben die Erfahrungen von Generationen in tausenden von Jahren in einem Winkel unseres Gehirns gespeichert. So haben die meisten Menschen ihren Schlafplatz, ihren Platz am Esstisch und ihren Lieblingssessel im Wohnzimmer. Sie haben sich diesen Platz einmal ausgesucht, er ist zur lieben Gewohnheit geworden und trägt den Stempel ihrer Energie. Dort können sie sich am besten entspannen beziehungsweise mit frischen Kräften wieder aufladen. Das funktioniert, auch ohne dass es ihnen bewusst ist. Sie werden nur ganz unruhig, wenn sich ein Besucher, den sie nicht besonders leiden mögen, einfach ungefragt auf „ihren" Platz setzt. Sie spüren, dass das Energiefeld, das sie dort vorfinden, durch den „Eindringling" gestört ist.

Doch ob exotisch oder nicht, etwas ganz Wichtiges können wir trotzdem aus den alten Lehren aufnehmen. Sie zeigen uns, dass es einen gewaltigen Unterschied macht, wo etwas platziert wird. Und sie haben herausgefunden, dass sich die verschiedenen Lebensbereiche der Menschen auch räumlich zuordnen lassen. Damit sind wir bei einem uralten Grundsatz. Auf Hermes Trismesgistos, dem ägyptischen Gelehrten aus vorchristlicher Zeit, wird der Lehrsatz der Entsprechungen zurückgeführt „wie oben – so unten, wie innen – so außen." Das bedeutet, alles, was wir in unserem Inneren erleben, findet seinen Ausdruck in unserer äußeren Umgebung. Auf das räumliche Umfeld bezogen könnten wir sagen, die Gestaltung und der Zustand unserer Wohnung spiegeln unseren inneren Zustand wider.

Wie ein kundiger Heiler anhand von Gesicht, Augen, Händen oder Füßen erkennen kann, wo etwas im Körper nicht stimmt, so lassen sich Störungen im Leben in der eigenen Umgebung ablesen – und erfreulicherweise auch beheben. Mit passenden Symbolen können die schwachen Bereiche aufgebaut und gestärkt werden.

Gibt es Probleme in einem bestimmten Lebensbereich, schaut man sich die Wohnung an und nimmt hier Veränderungen vor. Das Verändern im Außen wirkt unbedingt auf das Innenleben zurück. Wir können also im Äußeren ansetzen, um das Innere nachhaltig zu verändern und zu verbessern!

Gerade Menschen, die durch Nachdenken und Gespräche nicht weitergekommen sind und immer noch in ihren Problemen feststecken, sollten versuchen, außen anzufangen und die Veränderungen in aller Ruhe auf sich wirken zu lassen. Vielleicht gehören auch Sie zu den Menschen, auf die ein kraftvolles und anfassbares Symbol stärker wirkt als eine gute, aber eben doch sehr theoretische Rede? Probieren Sie es doch einfach aus! Vielleicht macht es ja auch gerade die Kombination – ein neuer Glaubenssatz, dem Sie durch ein Symbol eine anschauliche und anfassbare Form geben, das Ganze auf den richtigen Platz gestellt, und zwar zur richtigen Zeit – damit sind Sie unschlagbar!

Die wichtigsten Lebensbereiche

*„Wer meint, alle Früchte würden gleichzeitig mit den Erd-
beeren reif, versteht nichts von den Trauben."*

(Paracelsus)

Welche Lebensbereiche gibt es, die die Menschen am
meisten bewegen? Fragen Sie ein bisschen herum, Sie
werden „Partnerschaft" und „Beruf" gleich nach der „Gesundheit" als großen Wunsch zu hören bekommen. Doch
es kommen auch andere Themen. Der eine sucht nach
Anerkennung, der andere möchte sein Verhältnis zu den
Eltern verbessern, der Dritte will seine Kreativität entwickeln, der Nächste seine spirituellen Kräfte entfalten, und
so weiter und so fort. Auch materieller Reichtum sowie ein
netter Freundeskreis sind Bereiche, die weit oben auf der
Wunschliste vieler Menschen stehen.

Um ein Problem in einem dieser Lebensbereiche zu beheben, wird die Wohnung unter die Lupe genommen und
ein geeigneter Platz ausgewählt. Vorzugsweise wird mit
Symbolen gearbeitet, um der Wunscherfüllung Schwung
zu verleihen. Die Symbole haben eine gewisse Eigenwir-
kung, sie beleben den Platz, an dem sie stehen. Hinzu
kommt die geistige Kraft, die hinter dem Vorgang steht,
am richtigen Ort das Richtige zu tun.

Der Bereich, um den man sich kümmert, dem man
seine Aufmerksamkeit schenkt, kann und wird sich besser

entwickeln. Wie eine Pflanze, der man besondere Pflege angedeihen lässt. Da man seine Augen aber nicht überall zugleich haben kann, sollte man sich eine Prioritätenliste machen und sich nicht zu viele Baustellen auf einmal zulegen. Sonst verkommen die sinnerfüllten Gegenstände bald zur schönen, aber nutzlosen Dekoration.

Machen Sie also als Erstes eine Bestandsaufnahme. Dann entscheiden Sie sich, welchen der Lebensbereiche Sie vorrangig bearbeiten wollen. Ziehen Sie dazu die Auflistung am Ende dieses Kapitels zu Rate. Die Einteilung in diese neun Bereiche folgt Ideen aus dem chinesischen Feng Shui. Doch auch in der abendländischen Astrologie werden durch die „Häuser" bestimmte Lebensbereiche festgelegt, die in Grundzügen mit den hier aufgelisteten übereinstimmen. Die Anwendung ist jedenfalls sehr individuell!

Welche Symbole bevorzugen Sie?

Symbole sind anfassbar. Sie sind Futter für unsere Sinne und wirken direkt auf das Unterbewusstsein. Der Verstand kann oft nicht so viel damit anfangen. Das macht aber nichts. Wer festgestellt hat, wie stark Symbole wirken können, wird sie gerne nutzen. Spätestens seit den Schriften von C. G. Jung hat sich das Wissen durchgesetzt, dass Symbole eine starke Wirkung auf unser Unterbewusstsein haben. Durch die Verbreitung des chinesischen Feng Shui ist dazu die Idee wieder ins Rollen gekommen, dass man Symbole wunderbar im eigenen Zuhause einsetzen kann, um bestimmte Lebensbereiche anzuregen.

Die Auswahl der Symbole allerdings sollte passend zur eigenen Kultur sein. So stehen rote Fische in China für Wohlstand und Glück, bei uns wird kaum einer diese Begriffe zusammenbringen, da wäre es besser, ein Füllhorn zu nehmen oder eine Schale, die überquillt mit Blumen oder Früchten. Auch das geliebte Wasserfallposter, das nach manchen Feng-Shui-Büchern den Geldfluss anregen soll, ist nicht für alle Leute nachvollziehbar. Im Chinesischen klingen die Worte für „Geld" und „Wasser" sehr ähnlich, da macht es Sinn. Bei uns aber gibt es viele Menschen, die speziell einen Wasserfall eher bedrohlich finden als anregend. Bei einem Bach oder Flusslauf hingegen können sie sich zumindest noch vorstellen, dass beides, Wasser und Geld, im Fluss bleiben soll, um nicht faulig und abgestanden zu werden.

Achten Sie also exakt darauf, ob die Symbole, die Sie wählen, auch stimmig für Sie sind! Verwenden Sie immer nur die Symbole, die Sie persönlich mit dem jeweiligen Lebensbereich verbinden. Dabei reicht es allerdings schon aus, wenn Sie ein Symbol neugierig macht und Sie Lust haben, es einzusetzen, auch ohne es mit Ihrem Verstand begründen zu können. Ihr Interesse daran ist schon genug, um das Symbol mit der zugehörigen Kraft aufzuladen.

Um einen Lebensbereich zu stärken, können Sie Ihre Kreativität fließen lassen, die unten stehenden Anregungen direkt umsetzen oder mit Ihren eigenen Ideen vermischen. Sich etwa ein passendes Stimmungsbild suchen oder einen der genannten Gegenstand wählen. Das kann ein Edelstein sein oder eine Figur, aber auch etwas Praktisches wie ein Blumenübertopf, eine Vase oder ein Kissen. Nur Sie selbst brauchen zu wissen, welche zusätzliche Bedeutung dieser Gegenstand hat!

Die Grundlage: Gesundheit und Lebenskraft

Die Gesundheit ist der Dreh- und Angelpunkt im Leben. Alle anderen Bereiche sind zwar auch wichtig, gruppieren sich aber außen herum. Die Gesundheit steht einfach an zentraler Stelle. Das ist im Körper nicht anders wie in einem Haus. Daher spiegelt das Zentrum eines Hauses unsere Gesundheit wider. Eng damit verbunden ist das Selbstwertgefühl, das ja der seelischen Gesundheit entspricht. Den Begriff „die eigene Mitte finden" kennen Sie bestimmt aus Meditationsübungen. Auch der Selbstwert, die Lebenskraft, siedeln sich somit in der Mitte der Wohnung an.

Eine ständige und schöne Erinnerung an dieses wichtige Thema schenken uns grüne und blühende Pflanzen, frische Kräuter und viel Licht. Günstig ist außerdem eine freie Fläche in der Mitte dieses Raumes. Dazu eignen sich Klänge, denn sie bringen sogar die Luft in Schwingung. Ein Klangspiel, ein Band mit indischen Glöckchen oder ähnliches könnte also im Zentrum des Hauses befestigt werden. Stellen Sie sich beim Anstoßen dieser Klangelemente vor, dass dabei die Energieschwingungen von der Mitte aus gleichmäßig in Ihrem ganzen Zuhause verteilt werden. Natürlich ist auch hier das Licht sehr wichtig. Auch Kristalle eignen sich, die zusätzlich Lichteffekte versprühen.

Glück und Zufriedenheit in der Partnerschaft

Einen Partner zu finden ist das eine, die Partnerschaft lebendig zu halten, das andere. Beides ist wichtig, und beides können wir unterstützen.

Symbole wie Sonne und Mond stehen für den männlichen und weiblichen Pol in einer Beziehung, aber auch in uns selbst. Auch Figuren, die Freundschaft und Liebe ausdrücken, sind geeignet. Passende Materialien dazu sind Ton und Terrakotta, passende Farben sind warme, ins Orange gehende Töne. Dadurch wird der Wunsch sozusagen irdischer, auf die Erde gebracht, erfüllbarer.

Dann ist die Überlegung wichtig, was wir uns von der Partnerschaft erwarten – ist es Zärtlichkeit, dann sind kuschelige Kissen richtig, ist es die Erotik, dann wäre eine Decke mit Raubtiermuster sinnvoller, sind es gemeinsame Unternehmungen, dann passen Fahrradmodelle oder Theaterkarten besser. Nehmen Sie immer gleich zwei!

Wollen Sie Ihre bestehende Beziehung aufbauen, wählen Sie Fotos, auf denen Sie beide sehr glücklich sind. Gestalten Sie liebevoll eine ganze Wand damit, ein kleines Bildchen in der Ecke wird nicht reichen. Geben Sie der Partnerschaft Raum! Die Fotos der Verflossenen werden selbstverständlich entfernt. Sie sind in einer verschlossenen Kiste besser aufgehoben. Man muss die Vergangenheit ja nicht ungeschehen machen, aber sichtbar soll die Gegenwart sein. Das Vergangene darf ruhen.

Zusätzlich können Sie sich einen Satz einprägen oder aufschreiben wie: „Meine Partnerschaft ist von Tag zu Tag harmonischer und liebevoller." Oder, wenn Sie auf der Suche nach dem Traumpartner sind: „Ich ziehe genau den Partner an, der mich liebt und unterstützt und den ich liebe und unterstütze."

Reichtum und Glück machen das Leben perfekt

Wer möchte nicht ausreichend Mittel zur Verfügung haben, um frei und ohne Belastungen oder Existenzsorgen leben zu können? Zu erkennen, dass Reichtum und Glück nicht nur aus finanziellen Zuwendungen bestehen müssen, ist Voraussetzung für den Erfolg der Maßnahmen.

Üppig und prächtig ist hier die Devise. Dekorieren Sie lieber mehr als weniger. Es darf glitzern und glänzen. Die Fülle soll sich zeigen. Ein üppig dekorierter Obstkorb oder gut gedeihende Pflanzen können diese Fülle bewusst machen. Auch eine Schale mit Münzen oder eine Schatztruhe mit Schmuck (es kann auch Modeschmuck sein) passt, die immer wieder ergänzt werden darf, um den zunehmenden Reichtum sichtbar zu machen, oder, nach chinesischer Tradition, ein Zimmerspringbrunnen.

Setzen Sie dazu auch Ihre Vorstellung ein. Stellen Sie sich vor, dass Wohlstand und Fülle wie ein goldener Lichtstrom durch Ihr Fenster hereinfließen, Ihr Geldbeutel dicker wird und Ihr Konto sich füllt. Arbeiten Sie auch mit dem Unterbewusstsein: Schreiben Sie sich Merkzettelchen, auf denen stehen kann: „Ich verdiene mein Geld mit Leichtigkeit" oder „Meine Einnahmen werden von Monat zu Monat mehr." Stellen Sie sich immer wieder voller Freude vor, wie reich und erfüllt Ihr Leben ist, und wie Sie die finanzielle Sicherheit genießen.

Wie soll der Lebensweg verlaufen, wie geht es mit der Karriere voran?

Hier wird aufgezeigt, ob es mit der persönlichen Entwicklung vorangeht, oder ob es eine Stockung gibt. Damit sind die Ziele gemeint, aber auch das tägliche Leben, das zufriedenstellend verlaufen soll.

Gibt es hier Blockaden, kann durch einen Zimmerspringbrunnen wieder Bewegung ins Geschehen gebracht werden. Ferner eignet sich das Bild eines Weges. Eine Richtung sollte auf diesem Bild zu erkennen sein. Ob Sie sich einen sanften (Lebens-) Weg wünschen, der sich durch grüne Hügel schlängelt, einen steilen Gebirgspfad oder eine breite Allee, werden Sie selbst wissen. Jedenfalls sollte das gewählte Bild Ihrer Wunschvorstellung für Ihren Lebensweg entsprechen.

Zusätzlich können Sie sich einen Satz aufschreiben, der Ihre Wünsche in Bezug auf den Lebensweg, die Karriere ausdrückt. Dieser kann lauten: „Mein Leben ist von Tat zu Tag erfüllter und glücklicher" oder „Mit Leichtigkeit finde ich einen Arbeitsplatz, der mich ernährt, der mir gefällt und an dem ich gebraucht werden" oder „Es öffnen sich für mich die richtigen Türen zum richtigen Zeitpunkt." Diesen Schriftzug können Sie sichtbar an den Rahmen des ausgewählten Bildes heften oder auf die Rückseite dieses Bildes schreiben. Die Wirkung ist da, weil Sie immer daran erinnert werden, wenn Sie an diesem Bild vorbeigehen und es anschauen.

Erfolg und Anerkennung sind das Tüpfelchen auf dem i

Was nützt aber der sicherste Arbeitsplatz, wenn dort keine Anerkennung zu ernten ist? Oder eine hingebungsvolle Tätigkeit für die Familie, die leider nie ein Wort des Lobes findet? Alle Leistungen sind scheinbar selbstverständlich. Gewürdigt werden zu wollen hat nichts mit überzogenen Ansprüchen und Mittelpunktsdrang zu tun. Anerkennung motiviert schließlich zu sehr hohen Leistungen. Wird sie versagt, treten Frustration und Bitterkeit ein. Natürlich ist es genau so wichtig, Anerkennung zu schenken und in der Lage zu sein, anderen für ihr Tun zu danken. Doch es braucht beides. Auch Ihr Ansehen darf steigen, der Erfolg Ihrer Bemühungen sichtbar werden, Ihre Anstrengungen dürfen Früchte tragen.

Kerzen und Licht sind die wichtigsten Helfer für diesen Lebensbereich, auch Salzkristalllampen sind zum Beleben gut geeignet. Zünden Sie die Kerzen an mit der Absicht, den Erfolg und die Anerkennung für Ihre Leistungen zu steigern. Ein weiteres gutes Symbol ist eine hoch aufragende Pflanze, denn der Erfolgreiche strebt nach oben! Auch Gegenstände in roter Farbe eignen sich gut, um die Aufmerksamkeit auf den Erfolg zu lenken. Denken Sie auch daran, immer wieder anderen Menschen zu danken. Denn wer Dank sät, wird Dank ernten.

Wie steht es mit der Verbindung zu Eltern und Vorfahren?

Was vor uns war, beeinflusst uns. Die eigenen Vorfahren sind die Stütze, an die wir uns anlehnen können. Wer in der Familie große Dramen erlebt hat und mit diesen Menschen nicht klarkommt, sollte sie immerhin als Spender des eigenen Lebens anerkennen und damit seinen Frieden mit der Vergangenheit machen. Er kann sich ja andere Autoritätspersonen suchen, Menschen, die seine Achtung haben. Autoritäten rundweg abzulehnen bedeutet, sich größer zu machen, als man ist. Wer die Kompetenz anderer akzeptiert, entwickelt sich schließlich selbst zu einer Autorität. Er wird dadurch teamfähig und kann seinen Platz in einer eigenen Familie finden.

Hilfreich sind Bilder aus der Familiengeschichte oder von selbst gewählten Autoritäten, von Menschen, die als Vorbild dienen. Eine Kerze bringt Licht in ungeklärte Situationen und hilft bei der Versöhnung. Auch das Bild eines großen gesunden Baums mit festem Stamm zum Anlehnen ist gut. Es zeigt, was Vorfahren und Ahnen eigentlich bedeuten sollen, nämlich Vertrauen, Verlässlichkeit und Rückhalt zu vermitteln, selbst wenn sie persönlich nicht dazu in der Lage waren. Das muss man ihnen nicht ewig vorwerfen. Man kann davon ausgehen, dass sie getan haben, was sie konnten, und mehr ging eben nicht. Genauso handeln doch auch wir selbst. Das Bild dieses starken Baums erinnert uns täglich daran, dass Autoritäten eine Stütze bilden, auf die man sich verlassen kann. Das vermitteln wir damit auch den eigenen Kindern und anderen jungen Menschen.

Der Bezug zu Kindern, die Entwicklung der eigenen Kreativität

Dieser Bereich hat etwas Zukunftweisendes, strahlt aber auch viel Fröhlichkeit und Heiterkeit aus. Durch die Aktivierung dieses Lebensbereichs lässt sich die Versöhnung mit der eigenen Kindheit voranbringen, der Kontakt zum Inneren Kind wird verstärkt. Auch der Wunsch nach eigenen Kindern wird dadurch ausgedrückt. Außerdem lässt sich der Kontakt zu Kindern allgemein erheblich verbessern. Kinder sind von Haus aus kreativ, sie sind der ursprünglichste Ausdruck unserer Schöpferkraft. Diese Anlage zur Kreativität gilt es zu befreien. Wir dürfen und sollen in jedem Alter kreativ sein! Indem wir das Schöpferische in uns wecken, steigern wir unsere Lebensfreude.

Dabei helfen uns kleine Spielereien, allerlei Schnickschnack, der zeigt, dass das Leben nicht todernst ist, sondern es auch immer etwas zum Lachen gibt. Gestalten Sie diesen Lebensbereich verspielt und fröhlich, wie etwa durch Zeichnungen, die von Kindern angefertigt wurden. Auch jahreszeitlich angepasste Dekorationen finden in diesem Bereich ihren Platz, wie an Ostern ein farbiger Eierkranz oder an Weihnachten ein großer, goldener Stern.

Gibt es ausreichend Freunde oder sogar Engel im Leben?

Allein durchs Leben zu gehen, ohne Freunde, ohne hilfsbereite Wesen, ist nahezu unmöglich und auch nicht so gewollt. Wir sind eine Gemeinschaft und sollen diese leben. Dazu gehört, dass wir selbst Hilfsbereitschaft entwickeln, aber auch fähig sind, Unterstützung anzunehmen. Die Helfer, das sind Freunde und Mitmenschen, aber auch spirituelle Helfer aus der anderen Welt, insbesondere die Engel.

Das Bild einer fröhlichen Gruppe von Menschen, die sich zum Beispiel an den Händen halten, miteinander tanzen, gemeinsam feiern oder arbeiten, kann uns darin bestärken. Ebenso wirken Figuren von Engeln oder Feen und andere Schutzsymbole. Auch das Bild eines Menschen, der Hilfsbereitschaft verkörpert, ist geeignet. Unauffällig, aber dennoch wirksam, ist eine Gruppe von kleinen, freundlichen Pflanzen derselben Art, wie etwa drei oder vier Primeln, Usambaraveilchen oder Bubiköpfchen.

Die Entwicklung der Spiritualität – der Zugang zur höheren Welt

Jeder Mensch besitzt eine Art inneres Wissen, eine innere Stimme, die ihm sagt, was für ihn richtig und gut ist, die ihn auch vor Gefahren warnt. Oft ist diese Stimme verschüttet, denn in unserer gewohnten Hektik bleibt wenig Zeit für sich selbst.

An dieser Stelle der Wohnung findet der geistig-seelische Rückzug statt, der Kontakt zu höheren Wesen wird aufgebaut. Hilfsmittel zur Verstärkung dieses Bereichs sind Kristalle, Steine und Kerzen. Auch religiöse Motive wie Kreuz, Buddhastatue, Mandala, auch ein indianischer Medizinbeutel oder eine Schale mit Gaben aus der Natur eignen sich hervorragend. Oder das Bild eines weisen Menschen, der moralisch und seelisch weit entwickelt ist und somit als Vorbild dienen kann.

Alles zu seiner Zeit

„Die Erfahrung ist wie die Sonne, sie lässt die Blüten welken, aber die Früchte reifen."

(Salvador Dalí)

Für alles gibt es die richtige Zeit. Schon die Herrscher und Könige im Altertum haben sich von ihren Weissagern und Astrologen beraten lassen, wann der richtige Zeitpunkt war für eine Stadtgründung, einen Kriegszug oder Verhandlungen. Dass die Ereignisse auf der Erde gleichzeitig zu den Geschehnissen am Himmelszelt ablaufen, scheint ein Geschenk Gottes an uns zu sein. Wir müssen lediglich lernen, die Zusammenhänge zu erkennen und zu deuten. Astrologiekundige wählen den richtigen Zeitpunkt für ein Vorhaben nach dem Stand der Sterne aus. So kann für den Bau eines Hauses, die Gründung einer Firma, eine Hochzeit oder auch einen Umzug ein passender Termin gefunden werden. Ein Termin, an dem die sowieso in der Luft liegenden Energien das Vorhaben bestmöglich unterstützen und einen reibungslosen und erfolgreichen Verlauf gewährleisten. Mit auftretenden Schwierigkeiten wird man leichter und stressfreier fertig, wenn die Grundenergie stimmt.

Selbst Menschen, die sich wenig um diese Zusammenhänge kümmern, stellen immer wieder fest, dass an manchen Tagen ihr Tun leicht von der Hand läuft, an anderen alles wie blockiert ist, selbst wenn es sich um ein und dieselbe Tätigkeit handelt. Sie führen es vielleicht auf das Wetter oder die Jahreszeit zurück. Aber auch diese sind den kosmischen Strömungen unterworfen: Im Winter herrscht saturnische Kälte, im Mai lächelt uns Venus zu, große Hitze und Brände haben mit der feurigen Marskraft zu tun, bei Gewitter ist der zündende Funke der Uranusenergie zu spüren, bei Regen und Überschwemmungen hat sich Neptun breitgemacht.

Warum sich also nicht die kosmischen Kräfte holen, die für das eigene Vorhaben die beste Unterstützung bilden? Wenn es Ihnen für den Moment zu viel ist, die komplette Astrologie zu erlernen, gibt es dennoch ganz einfache Hinweise, die jedem zugänglich sind. Was Sie auch als astrologischer Laie tun können ist, den Stand der Sonne zu beobachten und damit die Jahreszeiten wieder wichtiger zu nehmen. Außerdem können Sie die Mond-Stellungen beobachten. Ist der Mond abnehmend oder zunehmend, herrscht Neumond oder Vollmond? In welchem Tierkreiszeichen steht der Mond? Solche Hinweise finden Sie mittlerweile in vielen handelsüblichen Kalendern. Zwar ersetzen Sonne und Mond keine fundierte astrologische Beratung, aber sie sind ein guter Anfang. In der Astrologie werden Sonne und Mond die „Lichter" genannt und als beinahe gleich wichtig angesehen. Das hat durchaus seine Berechtigung, denn von der Erde aus gesehen wirken die beiden Gestirne tatsächlich etwa gleich groß. Sonne und Mond sind die wichtigsten Punkte in jedem Horoskop. Wenn Sie deren Stellung beachten, haben Sie schon viel für sich gewonnen.

Die Sonne ist das Zentrum des Lebens, um sie dreht sich alles, inklusive der Erde und ihrer Bewohner. Der Mond hingegen bestimmt den Alltag. Halten wir uns für die Einflüsse dieser beiden Gestirne offen, können wir leichter zu unserer Mitte finden. Das macht den Alltag harmonisch und leicht.

Ziele setzen

„Das Glück deines Lebens wird bestimmt von der Beschaffenheit deiner Gedanken."

(Marc Aurel)

Wenn es darum geht, sich Ziele zu setzen, machen manche Leute eine Doktorarbeit daraus. Jahrelang forschen und studieren sie, überlegen, grübeln, reden darüber und verwerfen sie schließlich wieder, um neue zu prüfen. Dann sind sie froh, damals nicht hinter diesem anderen Ziel gewesen zu sein, da es sich ja herausgestellt hat, dass das der falsche Weg gewesen wäre.

Doch vielleicht wäre der Weg so falsch gar nicht gewesen – wenn sie ihn nur gegangen wären. Die Vorsicht, das ewige Zaudern und Zögern hat das Ziel schließlich mürbe gemacht und schlecht werden lassen. Aus lauter Angst, das falsche Ziel zu wählen, haben sie gar nichts gemacht. So bleiben sie, wo sie sind. Natürlich schließt man sofort eine Menge Möglichkeiten aus, indem man sich für einen Weg entscheidet. Man kann eben nicht in alle Richtungen gleichzeitig gehen. Manche stehen davor wie der Esel vor dem Heuhaufen. Kennen Sie diese Geschichte? Da steht ein hungriger Esel vor zwei Heuhaufen. Schaut zum einen, schaut zum anderen und kann sich nicht entscheiden, welches Heu das bessere ist. Schließlich verhungert er. Schade, nicht wahr? Tja, je länger jemand wartet mit seiner Entscheidung, desto ähnlicher wird er dem Esel.

Nichts gegen Esel im Allgemeinen. Auch nichts gegen Leute, die vor einer Entscheidung gründlich überlegen. Aber sie sollten schließlich zu einem Entschluss kommen.

Nicht jede Entscheidung kann rückgängig gemacht werden. Wir können nicht auf jedem Weg komplett bis zu seinem Anfang zurücklaufen und einen neuen ausprobieren. Das ist es, was viele so lange überlegen lässt. Es ist eine große Angst da, etwas falsch zu machen, wurde uns doch immer eingetrichtert: Wir dürfen keine Fehler machen. Wir müssen alles richtig machen. Sonst bekommen wir Probleme, Ärger, Stress. Das wollen wir vermeiden, also versuchen wir im Vorfeld zu klären, wie der Weg wohl aussehen wird, um nur ja den richtigen zu gehen. Da das Vorstellungsvermögen aber niemals alle Varianten einschließen kann, selbst wenn wir noch so fantasievoll sind, denken wir uns wund in dem Versuch, das Richtige zu finden.

Ein Beispiel:
Mit siebzehn Jahren haben Sie sich für eine Berufsausbildung entschieden. Zehn Jahre später, nach etlichen Höhen und Tiefen, ist Ihnen klar, dass Sie diesen Weg nicht weiterverfolgen wollen. Nun können Sie nicht zurückkehren zum Alter von Siebzehn und neu einfädeln. Sie können versuchen, eine andere Lehrstelle zu bekommen – aber ob Sie das noch möchten, in der Berufschule zwischen lauter Jugendlichen zu sitzen? Es mag gehen, doch erfordert es Zähigkeit, Mut und einiges Selbstbewusstsein. Für

manche Berufe ist der Zug auch eines Tages abgefahren. Sie können zwar auch mit Fünfzig noch Medizin studieren, doch ob Sie den Nerv haben, die stressige und fordernde Zeit als Assistenzarzt in einer Klinik zu überstehen, ob Sie das überhaupt wollen, ist fraglich. Vielleicht wäre es doch besser, beim einmal gewählten Beruf zu bleiben und eine Möglichkeit zu suchen, Ihre neuen Vorstellungen in diese Tätigkeit mit einzubauen. Oder Sie machen eine Zusatzausbildung in eine Richtung, die Ihnen mehr zusagt.

Das Geheimnis ist: Es gibt Querverbindungen! Wenn Sie einen Weg eine Zeitlang gegangen sind und merken, die Richtung tut Ihnen nicht gut, dann können Sie nach Abzweigungen Ausschau halten. Früher oder später gibt es einen Seitenweg, der auf eine andere Route führt. Das ist meist erfolgreicher und stressfreier als den Rückweg anzutreten und wieder ganz von vorne zu beginnen.

Von Anfang an neu einzufädeln, das geht sowieso nur im Kino, zumindest im Moment. Wie wir die Zeit zurückdrehen können, haben wir noch nicht erforscht. Das ist es, was viele Leute so vorsichtig mit Entscheidungen umgehen lässt. Was, wenn ich in zehn Jahren feststelle, es war der falsche Weg? Was, wenn mich diese Entscheidung unglücklich macht? Was, wenn sich herausstellt, dass es vertane Zeit war und ich es bereue? Was, wenn ich mich im Alter gräme, mein Leben so und nicht anders geführt zu haben?

Ja, das wäre wirklich schade. Daher macht es durchaus Sinn, über etwas nachzudenken, das Für und Wider abzuwägen, auch andere Leute um ihre Meinung zu fragen, vor allem aber gut auf das eigene Gefühl zu achten – aber dann doch eine Entscheidung zu treffen: „Das will ich, da will ich hin." Kommt später eine Zeit, in der man auf Grund von mehr Erfahrung und Reife erkennt, dass man manches einfacher oder anders hätten machen können, so kann man trotzdem zu dem gewählten Weg stehen. Man weiß, man hat sich aus dem damaligen Wissen heraus entschieden, und zwar für die Möglichkeit, die einem als die beste erschien. Und das ist gut so.

Das Leben ist doch sowieso eine Kette von Entscheidungen. Die erste Entscheidung, die Auswahl unserer Eltern, haben wir vermutlich bereits vor dem Eintritt ins stoffliche Leben getroffen. Als Kind hatten die Eltern einiges mitzureden, wenn es darum ging, welchen Kindergarten oder welche Schule wir besuchen, was wir anziehen und essen sollten und wie unser Zimmer eingerichtet war. Aber selbst als Kind hatten wir schon bemerkenswert viel Einfluss auf die Entscheidungen der anderen. Auch da waren wir nicht ein Spielball der Erwachsenen!

Als Erwachsene sind wir schließlich selbst für uns verantwortlich. Das zumindest ist eines der Hauptmerkmale des Erwachsenseins. Wenn man sich manche Menschen so anschaut, fragt man sich allerdings, wann sie nun endlich erwachsen werden wollen, das heißt, Verantwortung für sich und ihr Tun übernehmen. Merkwürdigerweise empfinden es viele Menschen als Bürde und Belastung, Verantwortung zu tragen. Dieser Begriff hat einen Beigeschmack von Eingesperrtsein in Zwänge. Dabei gibt es uns die größtmögliche Freiheit, die man sich nur vorstellen kann.

Denn wir können tun, was wir wollen! Wir können moralische und ethische Gesetze befolgen oder nicht. Es ist unsere eigene Entscheidung. Wir dürfen alles. Natürlich müssen wir uns im Klaren darüber sein, dass wir die Folgen für unser Tun tragen müssen. Schädigen wir andere Menschen oder deren Eigentum, schaden wir Tieren, Pflanzen und der Natur, ist es unsere eigene Last, die wir uns damit aufbürden. Das gilt auch für alles, was wir uns selbst antun – durch eine dauerhaft schädliche Lebensweise etwa.

So gesehen können wir eigentlich loslegen. Uns überlegen, was wir wollen, welche Wünsche wir gerne erfüllt hätten, welche Ziele wir anstreben. Und schon kann es losgehen!

Jetzt aber in die Praxis

„Wenn wir erst einmal unsere Angst loslassen und uns auf die unveränderliche Wahrheit des Lebens konzentrieren – Harmonie, Gesundheit und Glück –, wird die äußere Situation unsere positiven Erwartungen widerspiegeln."

(Doreen Virtue)

Nun sind Sie bestens gerüstet. Sie wissen Bescheid um den Energiefluss, haben ein Auge bekommen für Einseitigkeiten in Ihrer Wohnung und können hier einen Ausgleich schaffen, Sie kennen den Zusammenhang zwischen Innen- und Außenwelt und wissen, dass sich innere Unstimmigkeiten im äußeren Umfeld widerspiegeln.

Jetzt brauchen Sie „nur" noch Ihr Problem auf den Punkt zu bringen. Das heißt, sich aus einer Vielzahl von Verwirrungen und Unsicherheiten das Wichtigste herauszusuchen. Das liegt in manchen Fällen klar auf der Hand. In anderen ist es etwas verzwickter. Da gilt es herauszufinden, wo der Hund begraben ist.

Ein Beispiel:
Dora, eine etwa dreißigjährige Frau, war unzufrieden in ihrer Partnerschaft und dachte immer häufiger über eine Trennung nach. Der Grund für die Zwistigkeiten war, dass ihr Lebensgefährte zu viele eigene Hobbys hatte und zu wenig Zeit für sie. Sie fühlte sich nicht angenommen. Obwohl sie doch so viel für ihn tat. Vordergründig wür-

de man sagen, sie sollte sich vor allem um ihre Partner-schaft kümmern. Doch wenn man Dora fragte, warum sie nicht einfach aus dem gemeinsamen Haus auszog, erfuhr man erst von ihrem gravierenden Geldmangel. Würde sie jetzt gehen, könnte sie sich nur eine schäbige kleine Bude leisten, und auch das nur mit Mühe. „Da ist ihr wohl die Bequemlichkeit wichtiger als die Freiheit", wird nun so mancher naserümpfend von ihr denken. Das wäre nicht fair, denn das Bedürfnis nach Sicherheit ist schließlich ein wichtiges Grundbedürfnis.

Dora hatte sich daher entschieden, sich als Erstes um den Aufbau und die Vermehrung ihrer Finanzen zu küm-mern. Sie hatte bereits eine Arbeit, die ihr Spaß machte, nur verdiente sie sehr wenig dabei. Die Veränderungen wirkten bei ihr wahre Wunder. In kürzester Zeit bekam Dora ganz überraschend die Gelegenheit, ihre Fünfund-zwanzig-Stunden-Woche aufzustocken auf Vollzeit, ver-bunden mit einer dicken Gehaltserhöhung. Nun war sie finanziell deutlich besser gestellt als noch vor wenigen Monaten. Damit einher ging eine stärkere Konzentration auf ihr eigenes Leben, sie war nicht mehr unablässig und übereifrig um das Wohl ihres Partners bemüht. Der konnte seinerseits nun wieder aufatmen, fühlte sich nicht mehr so unter Druck und war wieder bereit, mehr auf seine Freun-din einzugehen. Die Beziehung kam wieder in Schwung – ohne dass besondere Maßnahmen zu diesem Thema ergriffen wurden.

Zwar können Sie nichts falsch machen, wenn Sie einen Lebensbereich bearbeiten, der gar nicht an der Reihe ist. Die Wirkung wird jedoch schwächer sein, wenn Sie das Übel nicht bei der Wurzel erwischt haben. Es lohnt sich also doch, in sich zu gehen und genau herauszufinden, welcher Bereich der wichtigste ist.

Sie können sich durchaus auch eine kleine Liste machen, was Sie alles nacheinander verändern wollen. Das gibt Ihnen die Sicherheit, dass alles bearbeitet wird, aber eben alles zu seiner Zeit. Bauen Sie in Ruhe einen Lebensbereich nach dem anderen auf. Erst wenn eine Veränderung, eine Bewegung, spürbar geworden ist, packen Sie das nächste Thema an. Geben Sie sich Zeit, eine Veränderung zu verarbeiten.

Und nun: Lassen Sie sich inspirieren von den Erfahrungen anderer Menschen!

Friederike sehnt sich nach dem passenden Partner

„Ziehe in Betracht, dass große Liebe und große Erfolge ein großes Risiko erfordern."

(Dalai Lama)

Die Geschichte

Friederike, eine fröhliche und aufgeschlossene Frau, zweiundvierzig Jahre alt, lebt mit ihrer Tochter Melanie in einer kleinen Wohnung in einem Hochhaus. Die beiden verstehen sich gut. Melanie ist ein eigenwilliger und selbstbewusster Teenager, der sicher früh seinen eigenen Weg gehen wird. Davor hat Friederike keine Angst, auch wenn ihr ihre Tochter sehr viel bedeutet. Sie weiß, dass sie auch gut mit sich alleine klarkommt.

Vor vier Jahren haben sich Friederike und ihr Mann getrennt, seit zwei Jahren sind sie nun geschieden. Die Trennung war von beiden Seiten gewünscht. Friederike trägt weder Schuldgefühle mit sich noch hegt sie Wut- und Rachegedanken. Sie sagt selbst, es herrsche nun Frieden zwischen ihr und ihrem Expartner. Schon wegen Melanie haben sie immer wieder Kontakt, dabei bleiben beide freundlich und sachlich. Mehr Verbindung wünschen sie allerdings nicht.

Anfangs wohnte Friederike in einem winzig kleinen

Apartment. Sie wollte damals raus aus der Ehe und mietete den erstbesten Wohnraum an. Ihr Wunsch nach Raum und Weite wurde dort genauso wenig erfüllt wie ihre Freude an Gastlichkeit und Geselligkeit. Es war einfach unmöglich, in diese Enge auch noch Freunde einzuladen, die dann ihrer Tochter den wenigen, verbliebenen Raum streitig machen würden. Die Bedürfnisse ihrer heranwachsenden Tochter nach eigenem Raum und nach Abgrenzung konnten dort sowieso nicht erfüllt werden. So ist Friederike mit ihrer Tochter vor einem Jahr in eine andere Wohnung gezogen. Richtig groß ist das neue Zuhause auch nicht, aber es ist für beide ein eigenes Zimmer da, außerdem ein gemeinsamer Wohn-/Essraum.

Seit der Trennung von ihrem Mann vor drei Jahren hatte Friederike keine feste Partnerschaft mehr. Zwar lernte sie immer wieder nette Männer kennen, doch eine feste Beziehung wollte sich nicht einstellen. Anfangs dachte sie, es läge an der noch zu frischen Trennung, dass vielleicht doch nicht alles überwunden war. Immerhin hatte es auch viel Streit und verbale Verletzungen gegeben. Friederike machte damals aber eine Therapie und konnte schließlich Frieden schließen mit ihrer Vergangenheit.

Dann mutmaßte sie, der mangelnde Raum sei schuld daran, dass sich keine neue Partnerschaft ergeben wollte. Immerhin war ja die erste Wohnung ziemlich winzig. Doch auch dieser Grund ist nun aus der Welt geschafft. Friederike hat Platz für zwei in ihrem Zimmer. Und doch ist sie allein.

Auch ihre Tochter steht ihrem Glück definitiv nicht im Weg. Zwar mag sie nicht jeden Verehrer ihrer Mutter leiden, doch einige fand sie wirklich sehr nett und hätte sich durchaus eine Art Wohngemeinschaft mit ihrer Mutter und deren Freund vorstellen können.

Die Lösung

Die Energie in Friederikes Wohnung verläuft sehr harmonisch. Vor dem Fenster am Esstisch allerdings drängt sich das Nachbarhochhaus stark ins Blickfeld. Friederike mag eigentlich keine Vorhänge. Hier lässt sie sich aber schnell von einer Fensterdekoration überzeugen. Es sollen nur leichte Stores werden, die locker oben und seitlich am Fenster entlang schwingen. Der Ausblick wird dadurch nicht verhüllt, aber man nimmt nun als Erstes die freundliche Fensterdeko wahr und nicht mehr das massige Hochhaus. Der Zweck ist damit erfüllt – die Energie bleibt im Raum und geht nicht zu dem anderen Haus hinüber.

Es werden durchsichtige Stoffe in Gelb und Orange gewählt, um ein fröhliches Gegengewicht zu der Schwere des grauen Hochhauses zu schaffen. Abgesehen von diesem einen Fenster hat Friederike einen schönen Blick in die Ferne, das heißt, über die Stadt. Aufs Land zu ziehen käme für sie nicht in Frage. Sie ist ein eindeutiger Großstadttyp und liebt es, mitten im Geschehen zu wohnen.

Das wichtigste der ungelösten Themen in Friederikes

Leben ist die Partnerschaft. Sie sehnt sich sehr nach einer glücklichen Zweisamkeit. Beruflich läuft alles bestens, sie ist mit ihrer Arbeit zufrieden und hat keine weiteren Ambitionen. Liebend gern würde sie sich mehr auf ihr Privatleben konzentrieren.

Nachdem sie Wohnraum, Küche und Essecke mit der Tochter teilt, ist der Schlafraum der einzige Raum, der Friederike allein zur Verfügung steht. Dieses Zimmer nehmen wir somit genauer unter die Lupe.

Das Bett ist sehr schmal – für eine Liebesnacht kein Problem. Doch Friederike will ja mehr. Wie sollte es sich da ein Partner auf Dauer gemütlich machen? Friederike will aber nicht allein in einem Doppelbett schlafen. Sie sagt, da fühle sie sich unendlich verloren. Eine Verbreiterung ist aber dennoch sinnvoll, denn sie soll auch durch ihr Bett ausdrücken, dass noch ein Platz frei ist. Eine Breite von 1,20 m kann sich Friederike problemlos vorstellen. Das lässt sich auch ganz einfach aus dem bestehenden Bett machen. Wenn sie sich innerhalb der nächsten Monate doch ein neues Bett kauft, könnte es ja sogar 1,40 m breit sein, überlegt Friederike. Das wäre eine langsame Anpassung, das entspricht ihr.

Dann sehen wir uns die Symbolik in ihrem Schlafraum an. Auf einem Tischchen steht eine auffallend große, honigfarbene Kerze. Eine Kerze allein, noch dazu solch eine stabile – das sagt so viel wie „Ich kann alles allein, ich brauche niemanden." Das sei im Grunde auch so, gibt Friederike zu. Aber eigentlich wolle sie doch von dieser Einstellung weg. Wir überlegen gemeinsam weiter: Zwei solche kräftigen Kerzen würden nicht gut wirken, die würden sich gegenseitig die Schau stehlen. Die dicke Kerze muss also weg! Ein guter Platz dafür wäre der Wohnraum, um den sich die übrigen Räume der Wohnung anordnen. Hier, in der Mitte ihres Heims, würde diese stabile Kerze als Symbol für Stärke und Gesundheit stehen. Das ist perfekt! Die honiggelbe Farbe passt außerdem wunderbar zu den Farbtönen des Wohnraums und strahlt bereits Harmonie aus, auch wenn sie nicht angezündet ist. Ein schönes Symbol, um die manchmal widerstreitenden Energien von Mutter und Tochter auszugleichen.

Für das Schlafzimmer aber, das den Wunsch nach einer festen Partnerschaft widerspiegeln soll, besorgt sich Friederike zwei etwas kleinere Kerzen. Diese können auf dem kleinen Tisch stehen, auf Leuchtern, die einander ähnlich sind und gut zusammenpassen, aber nicht gleich sind. Eben so, wie sie sich einen Partner vorstellt: ihr ähnlich, zu ihr passend, aber nicht ihr Ebenbild. Denn ihre Selbstständigkeit soll sich Friederike natürlich erhalten. Die Kerzen sollten am besten rot sein, weil es die traditionelle Farbe der Liebe ist. Die Symbole passend auszuwählen ist der erste Schritt!

Wir schauen uns weiter um. An dem kleinen Fenster mickert ein winziges Blümchen vor sich hin, ein Bubiköpfchen. Sie wolle keine großen Pflanzen in ihrem Schlafraum, meint Friederike. Wegen des Sauerstoffs. Aber dieses Bubiköpfchen habe sie gern, auch wenn es sich nicht in voller Schönheit zeigt. Sie wolle sich daher nicht davon trennen. Ein Bubiköpfchen ist ein sensibles Gewächs, das zuweilen sogar Belastungen von den Menschen seiner Umgebung auf sich nimmt. Sicherlich würde es der Pflanze besser gehen, wenn sie nicht länger allein stünde. Friederike entschließt sich sofort, als sie diesen Zusammenhang erkennt, ein zweites Exemplar zu kaufen. Somit stärkt sie zum einen die Pflanze, zum anderen die Symbolwirkung für ihren Wunsch nach Zweisamkeit. Zusätzlich stabilisierend und erdend wirken die beiden Bubiköpfchen, wenn sie Übertöpfe aus Terrakotta erhalten.

Friederike liebt Musik und Klänge. Ihre Zimbeln legt sie ebenfalls auf das kleine Tischchen neben die Kerzen. Dazu überlegt sie sich ein Ritual, das sie jeden Abend durchführen will: Zuerst zündet sie die beiden Kerzen an, um die Atmosphäre feierlich zu machen, und schlägt dann die Zimbeln aneinander, damit der ganze Raum von dem Klang erfüllt wird. Dann wiederholt sie für sich ganz fest ihre Vorstellung einer liebevollen und glücklichen Partnerschaft, formuliert für sich ihre Wünsche und strahlt aus, was sie zu geben bereit ist. Dann schlägt sie erneut die Zimbeln an und beendet damit das Ritual. Die Kerzen dürfen noch ein wenig weiterbrennen.

Mit diesem Ritual, das Friederike für sich gefunden hat, lenkt sie ihre Aufmerksamkeit bewusst auf die Entwicklung ihrer Partnerschaft und erfüllt diesen innigen Wunsch mit Leben – symbolisch umgesetzt durch den Einsatz von Feuer und Klang.

Die weitere Entwicklung

Schon wenige Wochen, nachdem Friederike die kleinen Veränderungen ausgeführt hatte, lernte sie einen Mann kennen, mit dem sich bald darauf eine schöne und tiefe Liebesbeziehung ergab. Ob die beiden zusammenziehen, wird noch nicht diskutiert. Sie wollen sich erst einmal Zeit lassen, schon der Töchter zuliebe, denn auch dieser Mann hat eine Tochter. Sie lebt bei seiner geschiedenen Frau, besucht ihn aber regelmäßig und gerne. Die beiden Mädchen sind etwa im gleichen Alter. Im Moment beäugen sie sich noch etwas misstrauisch. Es ist eine leichte Konkurrenzsituation entstanden. Im Grunde aber hoffen auch sie beide auf ein neues Familienglück.

Wenn auch Sie sich einen Partner wünschen

Gehen Sie durch Ihre Wohnung und überlegen Sie, ob ein Partner hier Platz hätte. Natürlich muss Ihre Wohnung nicht ein leer stehendes Zimmer haben oder Platz für zwei. Sie können sich später immer noch nach einer gemeinsamen Bleibe umschauen. Doch jetzt geht es um die Anfangszeit, um die Zeit des Kennenlernens. Da sollte es problemlos möglich sein, dass Sie bei Ihrem neuen Gefährten übernachten und ein paar Tage verbringen, aber auch, dass dieser bei Ihnen übernachtet und auch mal ein Wochenende bleibt. Mit „Platz haben" ist also gemeint, ob es möglich wäre, einige Utensilien bei Ihnen zu deponieren. Und ob es einen zweiten Stuhl gibt, einen zweiten Sessel und ein zweites Kissen.

Es ist durchaus nützlich, sich eine Art Wunschzettel zu schreiben, mit allen Eigenschaften, die Ihr Zukünftiger haben soll. Schreiben Sie dazu erst einmal alles auf, was Ihnen so spontan einfällt. Wählen Sie dann aber zwei oder drei der Eigenschaften aus, die Sie für unbedingt notwendig halten. Diese Übung dient dazu, dass Sie sich klar darüber werden, was sie wirklich wollen. Die Beschränkung auf das Wesentliche ist aber auch notwendig, weil Sie das Schicksal ja nicht überfordern sollen. Müssen zu viele Bedingungen erfüllt werden, wird die Auswahl so extrem klein, dass es in diesem Leben vielleicht nichts mehr wird.

Seien Sie bei Ihrer Wunschliste unbedingt ehrlich. Wenn Sie wissen, dass finanzielle Unabhängigkeit für Sie zu einer guten Partnerschaft gehört, dann notieren Sie das. Wenn Sex und Erotik für Sie eine Partnerschaft ausmachen, dann notieren Sie es. Sie müssen hier niemandem Rechenschaft über Ihre Wünsche ablegen, diese weder verteidigen noch schönreden. Sie können die Liste auch gleich wieder vernichten. Aber schreiben Sie erst einmal alles auf, was Ihnen dazu einfällt, und legen Sie dann die Hauptkriterien fest. Diese Klarheit schafft freie Bahn für Ihr eigenes Wesen, weil Sie jetzt viel deutlicher ausstrahlen, was Sie wollen. Und für die himmlischen Helfer im Universum, weil diese jetzt auch genau wissen, mit welchen Menschen sie „zufällige" Treffen arrangieren sollen.

Dann wählen Sie geeignete Symbole, die Sie in einem ausgewählten Teil Ihrer Wohnung einsetzen wollen. Lassen Sie sich von den gängigen Feng-Shui-Symbolen inspirieren. Sie können aber auch alle anderen Symbole nehmen, die Ihnen zum Thema Partnerschaft einfallen. Gestalten Sie einen kleinen Bereich, etwa ein Tischchen, ein Fensterbrett oder auch ein schmales Regal so, dass es etwas Besonderes im Raum ist. Dass Sie jedes Mal, wenn Sie dorthin schauen, an Ihren Wunsch erinnert werden und Sie schon allein der Anblick dieses schön gestalteten Bereichs froh stimmt. Dadurch wird der Wunsch kräftiger.

Werden Sie dann aber nicht ungeduldig, wenn sich nicht sofort der Traumpartner einstellt. Schieben Sie Sorgen und Zweifel bewusst und energisch beiseite. Geben Sie in dem Wissen, dass Sie alles getan haben, was Sie tun konnten, Ihren nun starken Wunsch nach oben ab. Lassen Sie dann die höheren Kräfte vertrauensvoll wirken, und seien Sie gespannt auf Eingebungen. Haben Sie das Gefühl, dass Sie wieder einmal zu einem Betriebsfest gehen sollten? Oder Ihre alten Vereinskameraden aufsuchen? Oder einen verschollenen Bekannten ausfindig machen? Sich zu einem Kurs anmelden? Ins Fitnessstudio gehen? Sich in ein Café setzen? Eine Ausstellung besuchen oder ein Konzert anhören? Tun Sie es!

Tun Sie es nicht mit der Erwartung, dass Ihnen sofort die große Liebe über den Weg läuft, und wenn das nicht der Fall ist, Sie enttäuscht und gefrustet den Heimweg antreten. Die Aktivitäten, die Ihnen in den Sinn kommen, können auch einen ganz anderen Zweck haben. Vielleicht, dass Sie, wenn Sie Ihren Liebsten kennenlernen, ein gemeinsames Thema haben, weil er das Theaterstück auch kennt oder auch so gerne Sport macht usw. Die Zusammenhänge kennen Sie nicht, Sie müssen sie auch nicht kennen. Bleiben Sie einfach guten Mutes und tun Sie, was immer Ihnen einfällt! Seien Sie überzeugt davon, dass Sie dadurch auf den Weg hin zu Ihrem richtigen Partner geführt werden.

Hella hätte gern nette Nachbarn und gute Freunde

„Das Leben ist bezaubernd, man muss es nur durch die richtige Brille sehen."

(Alexandre Dumas)

Die Geschichte

Hella, achtundfünfzig Jahre alt, lebt allein in einer kleinen Wohnung am Stadtrand. Es ist nicht die gehobene Wohnlage, aber es ist hell und freundlich hier, die Umgebung nett, das Wohnhaus relativ neu. Hella hat wenig Geld, aber das Talent, auch mit Wenigem gut klarzukommen. Sie hat ein Auge für Schnäppchen und findet daher auch für wenig Geld immer etwas Passendes und Schönes. In ihrer Wohnung ist es sehr gemütlich. Familie hat Hella allerdings nicht. Mit Männern hatte sie immer Pech, jetzt sucht sie auch nicht mehr, sondern hat sich längst für sich alleine eingerichtet. Doch manchmal, speziell in letzter Zeit, nervt sie das Alleinsein. Ihr fehlen Freunde. Dabei ist sie durchaus aufgeschlossen, geht zum Beispiel gerne wandern. Ein Vereinstyp ist sie allerdings nicht.

Ein zusätzliches Problem ist in dieser Wohnung aufgetaucht: Sie hat ständig Stress mit der Familie, die letztes Jahr über ihr eingezogen ist. Sie sind, ihrer Meinung nach, viel zu laut, feiern ständig bis in die tiefe Nacht und lassen die Kinder schreien und lärmen, wie sie wollen. Versuche, mit dieser Familie zu sprechen, brachten bislang keinen Erfolg. Sie reagierten verwundert und verständnislos, stellten aber ihr Treiben nicht ein. Hinzu kommt, dass sie die Fröhlichkeit und Gemeinschaft der anderen ihre eigene Einsamkeit noch deutlicher spüren lässt.

Die Lösung

Hella bewohnt die Wohnung im Erdgeschoss mit einer kleinen Terrasse vor dem Wohnzimmer, die vom Hauseigentümer bepflanzt wurde. Zwar wohnt Hella schon seit ihrer Kindheit in der Stadt, aber ihr Naturbezug ist sehr groß. Gerne würde sie ein bisschen gärtnern.

Der Energiefluss in ihrer Wohnung verläuft harmonisch, auch Einseitigkeiten fallen nicht ins Gewicht.

Das Nachbarthema drängt sich im Moment in den Vordergrund, fast täglich fühlt sich Hella gestört. Daher fangen wir mit diesem Thema an.

Gibt es mit anderen Menschen Stress, ist ein klärendes Gespräch unerlässlich. Das hat Hella aber bereits mehrfach versucht. Sie soll nun energetische Veränderungen vornehmen und nach einer Weile, etwa zwei bis drei Wochen, erneut ein Gespräch anstreben. Die Gemüter ihrer Nachbarn dürften bis dahin zugänglicher geworden sein.

Als Erstes schauen wir uns die Bepflanzung ihrer Terrasse an. Hier wachsen überwiegend Nadelgewächse. Zwei dieser Bäumchen weisen spitz und abweisend nach oben. Für die Bewohner im ersten Stock eine ständige Aggression – es sind viele kleine Nadelstiche, die da nach oben ausstrahlen. Probieren Sie es aus, halten Sie Ihre Hand über eine Kugel und dann über eine Nadelspitze, jeweils ohne die Gegenstände zu berühren. Spüren Sie den Unterschied? Die Aura merkt diese Wirkungen auch bei einiger Entfernung, vor allem, wenn es sich um eine so massive Ansammlung von Nadeln handelt wie auf dieser Terrasse. Gegen diese „Angriffe" müssen sich also Hellas Nachbarn wehren, auch wenn ihnen die Ursache wohl nicht bewusst ist. Kinder wehren sich mit Schreien und Lärmen. Wenig Rücksicht von unten = wenig Rücksicht von oben. Das bedingt sich gegenseitig. Überhaupt weist die Bepflanzung bemerkenswert wenig Blumen auf. Vor allem eben Nadelgewächse, dazu Efeu, der als saturnische Pflanze ebenfalls düster wirkt. Die vielen Festlichkeiten, die von oben kommen, können daher auch als Gegenbewegung gedeutet werden, als lauter, überlauter Ruf nach Fröhlichkeit und Lebensfreude.

Ein Gespräch mit dem Vermieter schafft Abhilfe: Er verspricht, die beiden angriffslustigen Nadelbäumchen herauszunehmen und sie an anderer Stelle seines Grundstücks einzupflanzen. Voraussetzung sei, dass sich Hella dann um die neue Bepflanzung des Minigärtchens kümmert. Hella ist hocherfreut, damit hatte die Naturfreundin gar nicht gerechnet. Nun auch noch ein bisschen gärtnern zu können, ist wie ein Geschenk für Hella. Sie macht sich mit Feuereifer ans Werk. Es gibt nun so viel Platz für Blumen! Hella sucht sich eine schöne Mischung aus Frühlings-, Sommer- und Herbstblumen aus. Es soll in jeder Jahreszeit vor ihrem Fenster etwas blühen. Und zwangsläufig auch vor dem Fenster der über ihr wohnenden Familie.

Aber auch innerhalb der Wohnung soll es ein Symbol geben, das auf Verständnis und Frieden mit den Nachbarn wirkt. Denn auch in der Wohnung fühlt sich Hella vom Lärm gestört. Hella entscheidet sich für kleine Engelfiguren, die ringsum an der zentralen Leuchte in ihrem Wohnraum befestigt werden. Hella liebt Engel, sie sagt, sie könne sie manchmal sogar sehen. Die Engel sollen die Verbindung mit ihren Nachbarn friedlich und freundlich machen. Sie sollen Verständnis wecken für die Situation des jeweils anderen.

Jetzt braucht Hella aber noch ein Symbol, um die Freundschaften in ihrem Leben stärker werden zu lassen. Sie setzt sich intensiv mit den Werten von „Helfen" und „Sich-helfen-Lassen" auseinander. Anderen zu helfen, so stellt sie fest, ist kein Problem. Aber selbst Hilfe annehmen? Gibt man da nicht eine Schwäche zu? Tja. Das gilt es auf jeden Fall zu üben. Denn auch beim Helfen muss es einen Ausgleich geben. Es kann nicht einer immer nur der Geber sein, der andere immer nur der Nehmende. Hella erinnert sich, dass sich dieses Verhalten bei ihr schon früh in der

Kindheit zeigte. Sie war durchaus bereit, anderen Kindern zu Hilfe zu eilen, wollte selbst aber alles alleine machen.

Das Bild einer Gruppe von Kindern, die sich an den Händen fassen, erscheint daher passend. Kinder deshalb, weil die Ursache dieses Verhaltens in der Kindheit zu suchen ist. Bei diesem Kreis von Kindern gibt es keinen Anführer, keinen Geber, keinen Nehmer, keinen Schwachen, keinen Starken. Gemeinsam entsteht ein Kreis, bei dem jeder gleichberechtigt und gleich wichtig ist. Um den Kreis überhaupt bilden zu können, werden alle gebraucht. Ein schönes Symbol für Freundschaft. Da Hella auch nach längerem Suchen keine passende Abbildung findet, fasst sie sich schließlich ein Herz und fragt im nahen Kindergarten an, ob ihr die Kleinen nicht ein solches Bild malen würden. Das tun sie gerne. Heraus kommt ein hübsches Buntstiftbild mit Kindern, die im Kreis tanzen.

Um das Symbol mit Kraft aufzuladen, stellt Hella eine kleine Klangschale vor dieses Bild. Mindestens einmal am Tag soll sie diese Klangschale anreiben und zum Klingen bringen.

Die weitere Entwicklung

Schon einen Tag, nachdem Hella die Engelfiguren platziert hatte, traf sie die Nachbarin von oben auf der Straße, die Hella freundlich grüßte. Bislang hatte sie immer nur weggeschaut.

Das Lärmen und Feiern ging erst einmal noch weiter. Doch Hella hatte Geduld. Es waren ja gerade erst die beiden Nadelbäumchen herausgenommen und noch nicht einmal die ersten Blumen aufgegangen. Kurz danach allerdings äußerte sich die Nachbarin anerkennend über die schönen Blumen, was Hella sehr freute. Drei Monate später zog die laute Familie aus. Vielleicht, um an anderer Stelle darauf aufmerksam zu machen, dass die Lebensfreude einer Auffrischung bedarf.

Es zog stattdessen ein ruhiges Ehepaar ein, beide Mitte sechzig. Mit diesen verband Hella bald eine nette Freundschaft. Sie waren zwar keine echten Wandervögel, aber für einen ausgiebigen Spaziergang durchaus zu haben. Auch ein gemeinsamer Abend auf der Terrasse kam vor. Dadurch lernte Hella deren Freunde kennen, mit denen sie weitere gemeinsame Interessen verband.

Im Nachhinein änderte sich sogar ihre Einstellung zu der früheren lauten Familie. Hella gab zu, dass sie vielleicht doch ein bisschen eifersüchtig gewesen war auf deren Geselligkeit und Gemeinschaft.

Wenn auch Sie Ärger mit den Nachbarn haben

Selbst wenn die Aggression noch so offenkundig von den Nachbarn ausgeht und nicht von Ihnen – schließen Sie es nicht aus, dass dieses Verhalten lediglich eine Reaktion ist. Irgendetwas an Ihnen, Ihrer Lebensführung, Ihrem Haus oder Garten lädt die anderen mit Wut auf. Oder umgekehrt. Deshalb hilft es auch nichts, nachzuforschen, wer angefangen hat. Dabei verstrickt man sich nur in sinnlose Diskussionen: „Der hat das gesagt, und nur deshalb habe ich dieses getan...“ Völlig nutzlos und fern der Lösung. Besser ist, Sie schauen erst einmal, wie grundsätzlich mehr Harmonie herzustellen ist, und suchen dann erneut ein Gespräch. Es muss auch keine tiefe Freundschaft daraus entstehen. Vielleicht gelingt es Ihnen aber, auf Abstand zu gehen und eine neutrale Haltung einzunehmen.

Suchen Sie also Ihr Haus im Außenbereich sowie Ihr Grundstück nach möglichen „Störpfeilen“ ab. Das können Pflanzen sein, die giftig und aggressiv auf das Haus Ihrer Nachbarn zeigen, aber auch Mauervorsprünge oder andere Bauteile. Schirmen Sie solche Ecken und Kanten ab, beschneiden Sie die Pflanzen, oder geben Sie ihnen einen anderen Platz.

Sollten die Störpfeile vom Nachbargrundstück ausgehen, schirmen Sie eben Ihr Zuhause ab. Im Feng Shui werden dazu nach außen gewölbte Spiegelflächen empfohlen. Sie sollen den „Angriffspfeil“ in winzige, unwirksame Teilchen zerstreuen. Es ist eine Bildersprache, die für das Unterbewusstsein gut vorstellbar und somit wirksam ist. Sicher kennen Sie die bei uns üblichen Rosenkugeln. Damit haben Sie schon einen wunderbar funktionierenden Rundspiegel, der für andere Leute lediglich wie Zierrat wirkt.

Durchforsten Sie auch Ihre Einstellung, Ihre Gedanken, die Sie an die Adresse der Nachbarn schicken. Notieren Sie stattdessen auf ein Stück Papier: „Es sei Frieden zwischen uns." Verinnerlichen Sie diesen Wunsch, sprechen Sie diesen Gedanken auch immer wieder mal aus. Das Zettelchen können Sie an der Grenzen zwischen beiden Grundstücken vergraben. Oder, falls es sich um die angrenzende Wohnung handelt, das Papier einfach an die Wand kleben.

Wenn auch Sie sich Freunde wünschen

Werden Sie sich zunächst darüber klar, ob Sie sich gute Freunde wünschen, denen Sie auch mal Ihr Herz ausschütten können, oder ob Sie Ihren Bekanntenkreis erweitern möchten, um gemeinsamen Hobbys nachzugehen. Das sind nämlich zwei Paar Stiefel. Was erwarten Sie von Ihren Freunden? Was möchten Sie gemeinsam mit ihnen teilen? Kneipenbesuche, Sport, Urlaub, Grillen, Spieleabende, Gespräche? Entscheiden Sie sich für zwei oder drei Ihrer wichtigsten Wünsche. Dann suchen Sie in Zeitschriften nach passenden Aufnahmen. Achten Sie besonders auf die Werbeanzeigen, auch wenn Sie diese sonst nicht so mögen. Dabei ist oft eine fröhlich wirkende Gruppe von Menschen abgebildet. Sammeln Sie auch Prospekte von Tanzclubs, Sportvereinen oder örtlichen Bars und Cafés. Aus all diesem Material können Sie nun eine wunderbare Collage basteln. Es kann ein buntes Sammelsurium von Aktivitäten werden, alles, was Ihnen eben

Freude machen würde, gemeinsam zu unternehmen. Es kann sich auch um Menschen handeln, die ins Gespräch vertieft sind.

Stellen Sie dieses Bild in Ihren Wohn- oder Essraum, dort, wo Sie Freunde empfangen würden. Stärken Sie dieses Symbol noch mit einer Gruppe ähnlicher Pflanzen. Öffnen Sie sich zudem für die Geistige Welt. Engel sind wunderbare Freunde. Sie vermögen, einsame Menschen zueinander zu führen. Lassen Sie sich leiten! Engelfiguren oder -bilder können Sie stets daran erinnern.

Zara wünscht sich finanzielle Sicherheit

„Schulen wir unseren Geist, sich zu wünschen, was die Situation erfordert."

(Seneca)

Die Geschichte

Zara lebt mit ihrem Mann in der Dachwohnung eines Mehrfamilienhauses. Es ist eine Eigentumswohnung, die sie vor einigen Jahren kauften. Damals arbeiteten sie beide ganztags und konnten die Schulden gut abzahlen. Die Schwiegermutter lebt im Nebenhaus, sie hat dort eine kleine Wohnung gemietet. Als sie letztes Jahr zum Pflegefall wurde, entschloss sich Zara, ihren Ganztagsjob aufzugeben und nur noch Teilzeit zu arbeiten. Trotz des Einsatzes des örtlichen Pflegedienstes findet Zara es wichtig, dass sie häufiger zu Hause ist. Sie hat einen guten Kontakt zu ihrer Schwiegermutter und möchte sie in ihren letzten Jahren nicht alleine lassen.

Zara und ihr Mann haben einen fast erwachsenen Sohn. Dieser hat schon seine eigene Wohnung, aber er ist noch in der Ausbildung. Da sein Lehrlingsgehalt bei Weitem nicht ausreicht, wird er von den Eltern finanziell unterstützt. Mit dem Auszug hätte er noch bis zum Abschluss seiner Lehre warten können, findet Zara. Andererseits gab es immer viel Streit zwischen ihrem Mann und dem Sohn, so dass es jetzt deutlich friedlicher ist. Und als er sich sei-

83

ne eigene Bleibe suchte, arbeitete Zara ja noch ganztags und verdiente daher mehr Geld.

Nun sind bei Zara und ihrem Mann die Finanzen ständig knapp. An Urlaub oder andere Extras ist nicht mehr zu denken. Zara macht sich häufig Sorgen, ob sie auch die monatlichen Raten auf Dauer noch aufbringen können.

Die Lösung

Zaras Wohnung wirkt ziemlich düster. Die Räume haben sehr kleine Fenster, dazu haben Zara und ihr Mann sich vorzugsweise mit dunklen Holzmöbeln eingerichtet. Auch der braune Teppichboden schluckt viel Licht. Um es wirklich hell zu haben, müsste Zara eigentlich auch tagsüber ständig das Licht anhaben, was sie aber aus Sparsamkeitsgründen unterlässt. So bekommt ihr Unterbewusstsein unentwegt das Gefühl eingetrichtert, auf der Schattenseite zu leben.

Als Zara dieser Zusammenhang bewusst wird, schaltet sie sofort das Licht ein. Sie will nun zumindest in dem Raum, in dem sie sich aufhält, nicht am falschen Ende sparen. Nach und nach sollen die Glühlampen durch Energiesparlampen ausgetauscht werden, dann schlägt der Stromverbrauch auch nicht mehr so zu Buche. Bei der nächsten Renovierung, so nimmt sich Zara vor, wird der dunkle Teppich gegen einen hellen, naturfarbenen ausgetauscht. Aber das muss noch etwas warten.

Bis es so weit ist, lässt sich aber noch eine Menge tun. Zara besitzt einen runden Spiegel. Sein goldener Rahmen ist wie eine Sonne geformt. Sie hatte ihn seinerzeit auf einem Flohmarkt erstanden, aber dann nicht gewusst, wohin damit. So führt der schöne Spiegel ein Schattendasein in einer selten benutzten Nische. Ein Spiegel wie eine Sonne – was für ein wunderschönes Symbol, um die eigene Sonnen- und Lichtkraft zu verstärken! Der Spiegel muss einfach in den Mittelpunkt der Aufmerksamkeit gerückt werden. Eine freie Wandfläche im Zentrum der Wohnung ist schnell gefunden. Zara ist selbst überrascht, wie prachtvoll dieses Stück hier zur Geltung kommt.

Als Nächstes suchen wir einen passenden Platz, um das Geldthema zu bearbeiten. Wo zeigt sich de Mangel am deutlichsten? Zara merkt es selbst: Am auffallendsten hierfür ist das Schlafzimmer. Im Wohnraum sind durchaus Dekorationen und Nippes zu finden, doch das Schlafzimmer ist karg und zweckmäßig. „Da gehen wir ja doch nur zum Schlafen rein, der Raum wird kaum beheizt, was soll ich mich da aufhalten, wozu dekorieren?", so die Aussage von Zara. Doch dieses Zimmer strahlt genau das aus, was Zara auf dem Konto hat, nämlich Mangel. Die Symbolsprache ist deutlich: Das Zimmer ist mehr als sparsam eingerichtet – und die Finanzen reichen gerade mal für das Nötigste.

Die Vorstellung, den Raum üppiger und prächtiger zu gestalten, gefällt Zara. Es darf natürlich nicht viel kosten. Doch das ist machbar. Wir schauen uns gemeinsam in ihrer Wohnung um. Bestimmt lässt sich etwas entdecken, was die Ausstrahlung des Schlafzimmers bereichert!

Wir müssen auch gar nicht lange suchen. Zara und ihr Mann haben vor vielen Jahren einmal eine Reise nach Tunesien unternommen. In besseren Tagen, wie Zara wehmütig feststellt. Doch warum nachtrauern und klagen? Jetzt wird schließlich etwas für eine strahlende Zukunft getan! Damals, in Tunesien, haben Zara und ihr Mann auf einem Basar einige silberfarbene Schalen erstanden. Die sind unpraktisch, findet Zara, daher benutzen sie sie nicht. Auf Grund der schönen Erinnerungen wollte sie sich aber auch nicht von ihnen trennen.

Diese glänzenden Schalen werden nun hervorgeholt und aufpoliert. Sie sollen auf der Kommode im Schlafzimmer ihren Platz bekommen. Schalen zeigen, dass etwas aufgenommen werden kann, dass man bereit ist zu empfangen – Reichtum und Fülle zum Beispiel. Die Schalen sollen aber nicht leer bleiben, sondern jetzt schon gezeigt werden, dass etwas da ist, was mehr werden kann. Die Familie hat zwar wenig Geld, aber sie haben immerhin welches. Die kleinere Schale wird mit Münzen gefüllt, die größere mit Schmuck. Dabei handelt es sich um Modeschmuck, billige Glasperlenketten, die hier aber gut zur Wirkung kommen. Dekorativ hängen zwei der Ketten über den Rand der Schale. Zara soll beide Schalen nach und nach auffüllen. Damit bringt sie sich immer wieder die gewünschte Zunahme an Reichtum ins Bewusstsein.

Als wir ihren Schmuck durchschauen, entdecken wir darunter auch eine echte Korallenkette, die Zara von ihrer Mutter geerbt hat. Fantastisch! Korallen helfen, depressive Verstimmungen zu lindern und lassen das Leben wieder mutiger angehen. Sie bringen Liebe und Freude ins Herz und fördern sanfte Träume. Diese Kette ist etwas Besonderes und soll daher direkt auf Zaras Nachttisch liegen. Sie wird sich dafür irgendwann ein Samtkissen leisten. Im Moment aber nehmen wir als Unterlage für die Korallenkette einfach eine Tortenspitze. Es ist ein Kompromiss, aber die Tortenspitze erfüllt ihren Zweck ganz gut. Immerhin betont sie den Platz, auf dem die Kette liegt. Zara kann die Energie der Koralle gut gebrauchen. Sie nimmt sich vor, die Kette wieder häufiger zu tragen. Vor dem Schlafengehen wird sie die Kette außerdem ein wenig durch die Finger gleiten lassen, um ihre Energie zu fühlen und sich davon anstecken zu lassen. Ein kleines Ritual, das keine Mühe macht, ihr dafür aber positive Gedanken mit auf den Weg ins Traumreich gibt.

Über der Kommode fehlt noch ein Bild, die Wand ist viel zu kahl. Sie haben sich darum nicht gekümmert, meint Zara, weil sie dachten, beim Schlafen sieht es ja keiner. Stimmt, aber morgens und abends. Geeignet wäre ein wirklich großes Bild oder eine Sammlung von vielen kleinen Bildern. Nur eben nicht ein einziges sparsames Kärtchen. Schon die Größe oder die Anzahl sollen Reichtum und Fülle symbolisieren. Das Motiv natürlich sowieso. Aus Feng-Shui-Büchern, die Zara mal gelesen hat, weiß sie, dass Wasserfallposter angepriesen werden, um den Geld-fluss anzuregen. Das ist in diesem Raum weniger geeignet, da ein Wasserfall immer unruhig wirkt und hier doch in erster Linie gut geschlafen werden soll. Vor allem aber gelingt es Zara nicht, die Begriffe „Wasser" und „Geld" miteinander zu verbinden. Schön findet Zara dagegen das Bild einer üppigen Blumenwiese oder eines reich belaubten Baums. Auch das Bild eines Schlosses in einem sonnigen Park würde sich eignen. All das weist schließlich ebenfalls auf Fülle und Reichtum hin.

Wir blättern alte Kalender durch. Schnell sind passende Fotos gefunden. Da sich Zara im Moment noch keine Rahmen leisten kann, werden die Blätter auf Karton aufgeklebt, damit sie stabiler werden. Der Rand wird mit einer silberfarbenen Kordel abgedeckt. Sieht richtig edel aus! Mit der Farbe Silber werden zwei Fliegen mit einer Klappe geschlagen: Silber ist ein edles Metall und strahlt Glanz und Reichtum aus. Aber Silber ist auch die klassische Mondfarbe. Der Mond, als Herrscher über die Nacht, darf natürlich im Schlafzimmer nicht zu kurz kommen. Denn bei aller Symbolik für den Reichtum, die Hauptsache in diesem Raum bleibt immer noch der gesunde und tiefe Schlaf.

Ein bisschen Geld wird nun doch investiert: Zara kauft Wandfarbe. Die Wände streichen sie und ihr Mann gleich am nächsten Wochenende in zartem Lindgrün. Die Decke und ein breiter Streifen von etwa fünfzehn Zentimeter oben an den Wänden bleiben weiß. Die grünen Wandflächen erhalten als oberen Abschluss einen silberfarbenen Pinselstrich.

Die weitere Entwicklung

Zara und ihr Mann haben sich in ihr neues Schlafzimmer verliebt. Jegliche Kühle ist aus dem Raum gewichen. Zweckmäßig ist er immer noch, aber der Zweck steht nicht mehr im Vordergrund, sondern die Ausstrahlung von Schönheit, Reichtum und Fülle. Ihr Liebesleben wurde dadurch übrigens auch bereichert. Ein Nebeneffekt, der gerne angenommen wird.

Die auffallenden Veränderungen in diesem Raum hat die ganze Familie angeregt, das leidige Finanzthema endlich offen auf den Tisch zu bringen. Der Sohn erklärte sich mit einer deutlichen Kürzung seiner Unterstützung ab dem dritten Lehrjahr einverstanden, was in einem halben Jahr der Fall sein wird. Zara hat zwei Monate nach diesen Veränderungen einen Zusatzjob in einer Bäckerei gefunden. Sie verkauft nun jeden Samstag dort Brötchen, was auch wieder ein bisschen Geld in die Kasse bringt. Am Samstag ist ihr Mann zu Hause und kann selbst auf seine Mutter achten. Zara sieht den Hauptgrund in den Veränderungen ihres Lebens darin, dass sie durch das veränderte äußere Umfeld einen ständigen Reiz hat, anders als bisher zu denken. Es ist wie eine Neuprogrammierung. Früher dachte sie: „Wie soll das jemals werden", jetzt stattdessen: „Es gibt auch für uns eine gute Lösung."

Wenn auch Sie sich finanzielle Sicherheit wünschen

Ganz wichtig bei den Finanzen ist es, die eigenen Glaubenssätze aufzuspüren. Gerade durch die Erziehung können Wertmaßstäbe so stark verankert sein, dass manche es sogar als unmoralisch empfinden, Geld zu besitzen. Was über das Nötigste hinausgeht, ist verdächtig. Das haben eine sozialistische und christliche Erziehung gleichermaßen geschafft. Gemeint war das jeweils ja wirklich gut. Das Hauptziel im Leben sollte eben nicht die Ansammlung irdischer Güter sein, sondern Weisheit, Reife, Vertrauen und Liebe. Dabei muss sich das nicht ausschließen. Man kann ein guter Mensch sein und trotzdem Geld und Besitz haben. Und man kann mittellos sein und ein Strolch. Sicher gibt es die Gefahr, sich durch Geld verblenden zu lassen und dem Charakter damit zu schaden. Aber Armut ist auch kein Garant für edle Charakterzüge. Man muss verinnerlichen, dass „Geld" und „Glück" zwei Paar Stiefel sind und nicht voneinander abhängen. Und auch, dass das Geld an sich neutral ist. Gut oder schlecht ist das, was man damit macht.

Der erste Schritt wäre also, die eigenen Glaubenssätze in Bezug auf Geld aufzuspüren und umzuwandeln. Es kann sich schließlich nur etwas erfüllen, woran man auch glaubt. Feilen Sie an Ihrem neuen Glaubenssatz so lange, bis er sich stimmig anfühlt!

Dann schauen Sie, wo in Ihrem Zuhause sich der Mangel besonders deutlich ausdrückt. Unterstützen Sie diesen Wohnbereich mit allen Attributen, die für Sie Fülle und Reichtum symbolisieren. Zusätzlich können Sie Ihren Wunsch nach mehr Geld auch an einem Platz verankern, an dem Sie sich besonders häufig aufhalten.

Übertreiben Sie ruhig. Verteilen Sie Zettel mit aufbauenden Botschaften, suchen Sie Bilder aus, die Überfluss symbolisieren, oder verwenden Sie üppige Dekorationen. Versehen Sie Ihre Vorhänge oder Kissen mit Rüschen und Fransen, wenn das zu Ihrem Einrichtungsstil passt. Besorgen Sie sich glänzende Silber- und Messinggefäße und sparen Sie nicht mit Blumen.

Sabine braucht eine erfüllende Arbeit

„Wenn die Winde des Wandels blasen, bauen manche Leute Mauern und manche bauen Windmühlen."
(Chinesisches Sprichwort)

Die Geschichte

Sabine ist Mutter zweier fast erwachsener Söhne. Ihr Mann ist vor zwei Jahren an einer Krankheit gestorben. Vor wenigen Monaten ist die kleine Familie zu Sabines Mutter gezogen, die in einem Einfamilienhaus ganz in der Nähe lebt. Das Haus steht in einer sehr ländlichen Umgebung. Sabines Mutter bewohnt das Haus nun seit zehn Jahren, sie hatte es gekauft, als Sabines Vater noch lebte. Nun ist sie aber schon seit vielen Jahren allein. Das Haus war ihr sowieso längst zu groß, sie ist sehr glücklich, nun ihre Tochter und ihre Enkel bei sich zu haben. Trotz der gegenseitigen Zuneigung ist es nicht einfach, die unterschiedlichen Bedürfnisse der Generationen in Einklang zu bringen.

Einiges, so meint Sabine, wäre sicher leichter zu lösen, wenn mehr Geld ins Haus käme. Ihre Witwenrente ist ziemlich dünn. Sabine war in den letzten Jahren damit beschäftigt, ihre Kinder großzuziehen. Jetzt sucht sie nach Arbeit. Noch wichtiger als ein guter Verdienst ist es ihr jedoch, eine Aufgabe zu finden, die sie erfüllt. Nicht, dass es ihr keine Freude machen würde, für die Familie zu sorgen. Doch immer öfter kommen Gedanken hoch, es müsse da noch mehr geben. Die Jungen finden es zwar toll, dass täglich für sie gekocht wird und ihre Sachen stets gepflegt sind, doch eigentlich, so findet Sabine, sind sie nun alt genug, selbst mehr Verantwortung zu übernehmen. Das kann aber nur gelingen, wenn sie nicht ständig zur Verfügung steht. Außerdem sehnt sie sich nach einer komplett anderen Aufgabe. Sie braucht frischen Wind um die Ohren!

Die Lösung

Das Haus liegt auf einem unregelmäßig geformten Grundstück, das einem ungleichseitigen Dreieck ähnelt. Viel Ruhe geht von dieser Form nicht aus. Für bestimmte Aktivitäten ist solch eine Form gar nicht schlecht. Etwa für geistiges Arbeiten, wenn es darum geht, Ideen zu finden. Doch auch da bräuchte man einen Ruhepol, um nicht zu schnell zu ermüden. Zum Wohnen aber ist diese unregelmäßige Dreiecksform zu spannungsgeladen. Sabine kann die Energie, die von diesem Dreieck ausgeht, gut fühlen. Sie sagt, seit sie hier wohnt, fühle sie sich häufiger müde und viel schneller angegriffen. Die Söhne sind auch ständig in Verteidigungshaltung, die Mutter leicht gereizt. Es erfordert sehr viel Anstrengung von allen Seiten, einen freundlichen Umgangston zu pflegen. Das gelingt trotzdem, weil man sich ja schließlich mag. Aber, wie gesagt, es ist alles sehr mühsam. Am besten geht es, wenn sie gemeinsam etwas unternehmen oder auch nur Aktivitäten planen.

Wir suchen nach einer einfachen aber wirkungsvollen Möglichkeit, die unregelmäßige Form zu harmonisieren und einen Schutz für die Bewohner aufzubauen. Die Vorstellung, um das Haus einen Kreis zu ziehen, gefällt Sabine am besten. Ein Kreis ist von jeher das Symbol der Vollkommenheit und wird dem Himmel zugeordnet. Ein Kreis hat die stärkste Schutzkraft. Wer in einem Kreis steht, gilt als unangreifbar.

Sabine wird also einen Kreis um ihr Haus ziehen, so groß, wie es das Grundstück eben zulässt. Wichtig ist, dass sich der Kreis komplett auf ihrem Grund befindet. Es könnte ein sichtbarer Kreis sein, der als Plattenweg angelegt wird, es könnte auch ein dichter Kreis aus großen Feldsteinen sein, die in Abständen in den Rasen gelegt werden. Letzteres findet Sabine unpraktisch beim Rasenmähen, der Plattenweg ist ihr im Moment zu teuer. Außerdem möchte sie Diskussionen in der Familie über Sinn und Unsinn solcher Maßnahmen vermeiden. Sabine entscheidet sich daher für nur fünf große Steine, die günstig ums Haus platziert werden, in Kreisform versteht sich. Dazwischen, um den Kreis vollständig zu machen, legt Sabine eine Reihe kleiner Steinchen aus. Das ist gänzlich unauffällig und dennoch wirksam. Sabine weiß davon, und das ist genug. Schließlich ist der Kreis ja in erster Linie ein Symbol. Wichtig ist das Bewusstsein, das Sabine dazu aufbaut. Die Steine werden sie daran erinnern.

Dazu stellt sich Sabine vor, dass dieser Kreis und alles, was darin enthalten ist, von einem starken, hellen Licht erfüllt ist. Dieses Licht kann sie in ihrer Vorstellung auch weit darüber hinaus strahlen lassen, so dass es das komplette Grundstück und auch die angrenzenden Flächen erfasst. Das Licht hilft ihr, jegliche negative Energie von ihr und ihrer Familie fernzuhalten. Dazu gehören auch Unausgewogenheit und Stress.

In den ersten drei Wochen ist es sinnvoll, wenn sich Sabine diesen Schutzkreis aus Licht täglich vorstellt, zum Beispiel morgens nach dem Aufstehen. Später genügt es, gelegentliches daran zu denken. Auch wenn Sabine einen der ausgelegten Steine sieht, wird sie an ihren Schutzkreis erinnert und kann die Vorstellung verstärken.

Sabine und ihre Mutter sind ängstlicher geworden, seit ihre Ehemänner verstorben sind. Die Schutzwirkung des Kreises spricht Sabine daher besonders an. Ein besonderes Schutzsymbol erhält zusätzlich die Eingangstür. Ein grüner Kranz wird mit einer großen Schleife an der Eingangstür befestigt. Er wiederholt die Form des großen Kreises, übt eine starke Schutzwirkung auf das Haus aus, insbesondere auf den Eingang. Für die anderen ist der Kranz ein bloßer Türschmuck. Es genügt, wenn Sabine weiß, dass noch mehr dahintersteckt. Ein grüner Kranz sollte es übrigens deshalb werden, weil die Farbe Grün für Lebenskraft steht. Damit wirkt nicht nur die Kreisform schützend, sondern auch die Farbe stärkend auf die Lebenskraft der Bewohner. Sabine nimmt sich vor, ihren Kranz passend zur jeweiligen Jahreszeit zu schmücken.

Um den Zusammenhalt der Familie zu stärken, werden im Zentrum des Hauses, also im Flur, viele kleine Fotos aufgehängt. Darauf ist die ganze Familie zu sehen, im Urlaub, zu Hause, mal alle, mal Einzelne, aber immer bei gemeinschaftlichen Aktivitäten. Es sollen schließlich die Gemeinsamkeiten betont werden. Jedes Familienmitglied darf mit entscheiden: Jeder muss sich auf den Fotos gefallen und eine gute Erinnerung an die Situation haben. Nur dann kommt das Foto in die engere Wahl, wird gerahmt und an die Wand gehängt.

Damit Glück, Harmonie und Erfolg überhaupt ins Haus hereinkommen wollen, soll der Eingangsbereich noch weiter aufgewertet werden. Bislang geht er bei diesem Haus eher unter. Zwar hat die Tür nun schon einen Kranz bekommen, doch der gesamte Bereich wirkt immer noch schmal und freudlos. Er soll noch stärker betont werden, außen und innen. Vor die Haustür wird eine große und schön gemusterte Fußmatte gelegt. Der einfache Rost, der bisher dort lag, eignet sich mehr für einen Hintereingang. Auch ein neuer Anstrich würde der Tür guttun und sie aufwerten. Sabine plant das für den nächsten Sommer ein. Eine optische Verbreiterung wird ganz einfach erreicht, indem beidseitig der Tür Pflanzen aufgestellt werden. Es sollen stabile, winterharte Pflanzen sein. Sabines Wahl fällt auf Wacholder. Jetzt wirkt die Tür schon beinahe herrschaftlich. Die Pflanzen wirken übrigens wie ein Filter, durch den jeder Besucher hindurch muss. Die beiden Wacholder stehen als Wächter rechts und links der Tür und bekommen die Aufgabe, schlechte Energien von allen Leuten abzustreifen, die hier eintreten.

Innen im Flur soll nun ein Symbol seinen Platz bekommen, das direkt mit ihrem Wunsch nach Arbeit zu tun hat. Ein Bild findet Sabine passend, da es am wenigsten auffällt. Es ist ihr besonders wichtig, ihre „Magie" für sich zu behalten. Zu oft ist sie damit schon angeeckt. Geeignet für diesen Bereich ist ein Bild, das eine Straße oder einen Weg zeigt. Dieser soll sanft und harmonisch verlaufen, da Sabine keine Karrierehöhen zu erklimmen gedenkt, sondern sich eine einfache Arbeit wünscht, die zufrieden macht.

Sabine erinnert sich an ein Bild, das einen Handwerksburschen zeigt, der fröhlich pfeifend seiner Wege geht. Er wandert durch grüne Hügel, in der Ferne ist ein Wald zu erkennen. Sie hat das kürzlich als Poster gesehen und findet es tatsächlich in demselben Laden wieder. Das Bild ist schnell gekauft und gerahmt. Es wird direkt neben der Eingangstür aufgehängt.

Da sie Zweifel hat, ob sie nach ihrer langen Auszeit überhaupt eine Arbeit finden wird, soll Sabine ihrem Unterbewusstsein einen Satz mitgeben. Sie schreibt auf die Rückseite des Bildes: „Mit Leichtigkeit finde ich eine passende Arbeit." Auf die Rückseite deshalb, weil ihre Absichten ja schließlich keiner merken soll. Sabine selbst aber wird jedes Mal, wenn sie an dem Bild vorbeigeht, daran erinnert und kann sich innerlich ihren Satz wiederholen.

Nun geht es Sabine aber auch darum, in der Familie mehr Anerkennung für ihren Einsatz zu finden. Traditionell findet sich ihre Familie im Wohnzimmer zusammen. Macht man es sich in der Sitzecke gemütlich, fällt der Blick unwillkürlich auf den riesengroßen Schrank, der gegenüber an der Wand steht. Wie ein Magnet zieht dieser massige Holzblock die Aufmerksamkeit und damit die Energie auf sich. Das ist Blockade pur, und zwar Blockade für Sabines Wunsch nach Anerkennung. Im gesamten Wohnraum muss die Energie gleichmäßig fließen, wenn die Harmonie und gegenseitige Wertschätzung in der Familie wieder hergestellt werden sollen.

Allerdings will Sabine auf diesen Schrank nicht verzichten, da sie ihn sehr praktisch findet. Ihrem Wunsch nach Anerkennung muss dennoch ein Weg geöffnet werden. Das heißt, dieser Schrank muss gründlich entrümpelt werden. Unnütze Gegenstände werden ausgemistet, verschenkt oder entsorgt. Auch Dinge, die nur vorübergehend in dem Schrank parken, haben dort nichts zu suchen. Die sind im Keller oder Speicher besser aufgehoben. In diesem Schrank sollen ausschließlich Sachen untergebracht werden, die im Alltagsgeschehen benutzt werden.

Das Wohnzimmer ist zwar an der Sitzecke gut beleuchtet, der Schrank steht aber in der dunkelsten Zone des Raums. Er braucht Licht – genau so soll schließlich Sabines Wunsch nach Anerkennung ins Licht gerückt werden. Unmittelbar vor dem Schrank war früher schon eine

Strahlerschiene montiert. Diese wurde in einem anderen Raum gebraucht und kurzerhand abgeschraubt. Die Anschlüsse sind aber noch sichtbar. Jetzt besorgt Sabine eine neue Schiene und ist überrascht von der positiven Wirkung. Das Licht sei wirklich schon lange fällig gewesen, meint Sabine, denn jetzt finde man endlich, was man sucht.

Der Schrank ist weitgehend geschlossen, nur ein schmales Feld besteht aus einem offenen Regal. Hier stehen Bücher und einige Dekogegenstände. Von einigen Vasen und Figuren trennt sich Sabine leichten Herzens, diese kommen in die Krimskramskiste, die zum nächsten Flohmarkt soll. Auch die Bücher werden aussortiert. Da sich Sabine so dringend Anerkennung für ihre Leistungen wünscht, stehen hier Liebesromane definitiv am falschen Platz. Fachliteratur dagegen ist bestens aufgehoben. Sabine sucht die Bücher aus ihrer Ausbildung vom Speicher und ergänzt sie durch aktuelle Werke.

Als scheinbare Dekoration werden außerdem einige Bergkristalle ausgelegt – Deko für die anderen, tieferer Sinn für Sabine. Sie versprühen bei der sowieso schon guten Beleuchtung tolle Lichtfunken. Außerdem wird ein Pyrit dazugelegt, denn ihm wird nachgesagt, dass er Dinge, die lange stagniert haben, in Bewegung zu bringen vermag. Alle Edelsteine liegen außerdem auf einer roten Unterlage, einem bemalten Porzellanteller. Die Farbe Rot gilt schließlich als aktivierendste aller Farben, sie soll zusätzlichen Schwung in dieses Thema bringen. Doch es ist immer noch nicht genug. Sabine braucht noch ein kleines Ritual, das ihr täglich hilft, die Vorstellung zu verstärken. Denn sie hat immer wieder Phasen, in denen sie sich leicht entmutigen lässt, was ihre Wünsche anbelangt. Sie stellt dann alles in Frage: „Ist es vielleicht doch genau das Falsche, was ich will?"

Also wird seitlich neben den Schrank noch eine dicke rote Kerze aufgestellt, auf einem stabilen Bodenständer. Abends zündet Sabine diese Kerze an, mit der festen Absicht, ihren Wunsch nach Anerkennung mit Licht und Energie zu füllen und den Erfolg voranzubringen.

Die weitere Entwicklung

Die Ausgeglichenheit, die der Kreis dem Haus und damit seinen Bewohnern geben soll, hat sich fast umgehend bemerkbar gemacht. Außerdem macht allen die Fotowand Spaß. Fröhliche Erinnerungen an gemeinsame Erlebnisse werden wachgerufen und stärken das Gemeinschaftsgefühl: „Wir sind eine tolle Familie!"

Sabine hat schließlich auch eine Arbeit gefunden. Es ist noch nicht ganz das, was sie sich wünscht, aber es ist ein Anfang, von dem aus sie weiter suchen kann. Sabine macht es stolz und selbstbewusst, dass sie wieder arbeitet. Ihr Glücksgefühl strömt auf die ganze Familie aus. Ob nun durch den Schutzkreis oder durch Sabines gestiegenes Selbstwertgefühl – die Verbindung zwischen Mutter, Söhnen und Großmutter ist weitaus entspannter.

Wenn auch Sie sich Arbeit und Erfolg wünschen

Ein Bild, das einen Weg darstellt, ist immer ein gutes Symbol, wenn Sie Ihren Karriereweg planen. Es lohnt sich, gründlich nach einem passenden Bild zu suchen. Denn wenn man sich eine steile Karriere vorstellt und große Höhen erklimmen will, ist ein Weg durch eine Ebene nutzlos. Ein Gebirgspfad wäre hingegen die falsche Wahl, wenn man eigentlich nur in Ruhe arbeiten möchte, ohne sich mit Verantwortung und Verpflichtungen zu belasten.

Im Vorfeld gilt es auch genau zu erforschen, was an erster Stelle stehen soll: Wollen Sie Ihren Weg finden, auf dem Sie Ihre Fähigkeiten bestens einsetzen können? Dann ist der „Weg" das richtige Bild für Sie. Oder wollen Sie vor allem Geld verdienen? Dann sollten Sie nach Symbolen suchen, die Fülle ausstrahlen. Oder suchen Sie Anerkennung für Ihre Leistungen, wollen Sie endlich gewürdigt werden? Dann bringen Sie Licht ins Dunkel, das heißt, in dunkle Bereiche Ihres Wohnraums. Natürlich überschneiden sich die Bereiche ein bisschen, in vielen Fällen ist es auch sinnvoll, mehrere Themen zu bearbeiten. Doch irgendwo müssen Sie schließlich anfangen, und es ist weitaus entspannender, erst einmal einen oder zwei Bereiche gleichzeitig zu aktivieren.

Wenn Sie nun auf der Suche nach „Ihrem" Weg kein passendes Bild finden, dann greifen Sie doch selbst zum Pinsel und malen Sie. Oder lassen Sie sich fotografieren, wie Sie einen Hügel erklimmen oder eine Straße entlang fahren. Es ist ein starkes Motiv, sich selbst auf dem Weg zu sehen.

Um Anerkennung zu finden und mit seinem Tun mehr Erfolg zu haben, sind Bilder von Menschen geeignet, die den Sprung nach oben geschafft haben. Es gibt so viele erfolgreiche Menschen, Frauen wie Männer, in jedem Beruf. Wer ist für Sie Vorbild? Wen erkennen Sie an? In dem Maße, wie Sie es schaffen, anderen Menschen Anerkennung zu zollen, in dem Maße werden auch Sie Anerkennung erhalten. Fällt es Ihnen schwer, die Leistungen anderer zu loben? Oder finden Sie immer nur die anderen toll und sich selbst minderwertig? Ein Gefälle tut nicht gut. Sorgen Sie für Ausgleich in Ihren Anschauungen. Lassen Sie die anderen hochkommen, aber stellen Sie Ihr Licht auch nicht unter den Scheffel. Hier wäre der Satz gut: „Du bist okay, ich bin okay." Dazu das Symbol einer Pyramide, die durch ihre Form nach oben strebt. Den zündenden Funken schenkt Ihnen sicher eine Kerze, die Sie täglich mit der Absicht anzünden, Ihre Persönlichkeit zum Strahlen zu bringen. Sagen Sie sich dabei: „Ich habe Erfolg." Oder, wenn Sie es etwas ausführlicher möchten: „Ich habe Erfolg mit…" Dann können Sie beschreiben, in welchem Bereich Sie sich den Erfolg besonders wünschen.

Rainer wünscht sich Gesundheit und Vitalität

„Wer sich nach dem Licht sehnt, ist nicht lichtlos, denn die Sehnsucht ist schon das Licht."

(Bettina von Arnim)

Die Geschichte

Rainer, achtunddreißig Jahre alt, lebt mit seiner gleichaltrigen Lebensgefährtin Annika in einer großzügigen Altbauwohnung im Herzen einer Großstadt. Die Partnerschaft der beiden ist sehr glücklich. Beide sind auch mit ihrer Arbeit zufrieden und erfolgreich. Rainer arbeitet zu Hause, der Büroraum gehört zur Wohnung. Annika arbeitet in einem Büro in der Stadt, unweit der Wohnung. So wäre eigentlich alles in Butter.

Wenn da nicht die Gesundheit wäre! Rainer ist zwar nicht direkt krank, aber er scheint ein Magnet zu sein für alles, was an Krankheitserregern durch die Lüfte zieht. Er kränkelt häufig, und selbst, wenn er eigentlich gesund ist, fühlt er sich müde, ausgelaugt und schwach. Er weiß, er könnte viel mehr leisten, wenn er nur fit wäre. Seinen gesundheitlichen Zustand hat er bei diversen Ärzten überprüfen lassen. Diese finden nichts, was ihn schließlich resignieren ließ. „Das Schlimmste ist, dass die Ärzte mir das Gefühl geben, ich übertreibe und will mich mit den Wehwehchen nur wichtig machen", sagt er.

Die Lösung

Die Wohnung liegt im Erdgeschoss einer belebten Straße. Autos, Busse und sogar eine Straßenbahn fahren regelmäßig vorbei. Die großen Fenster können somit nur selten geöffnet werden, der Lärmpegel ist dann einfach zu hoch und die Luft voller Abgase. Die Zimmer nach hinten zum Hof haben kleinere Fenster. Sie wirken düster.

Was Rainer vor allem braucht, ist Licht und Luft. Er wirkt in seiner Wohnung wie eine kümmerliche Pflanze, die sich nach der Sonne sehnt. Nun hängen Rainer und Annika allerdings am Leben mitten in der Stadt. Sie mögen es, aus dem Haus zu gehen und mitten im Geschehen zu sein. Kneipen, Cafés, Läden, Kino, Theater – alles steht in reicher Auswahl zur Verfügung. Zwar träumt Rainer manchmal von einem Haus, das auf einer sonnigen Wiese steht, erzählt er. Doch das sei ja nicht möglich, der Arbeitsplatz seiner Freundin sei gleich ums Eck. Würden sie auf dem Land wohnen, wäre der Arbeitsweg für Annika viel zu weit.

Die Gesundheit aber ist immens wichtig. Ein Arbeitsplatz ließe sich vielleicht auch auf dem Land finden. Oder, da Geld bei diesem Paar keine Mangelware ist, sie könnten ein Apartment in der Stadt mieten. Dort könnte Annika gelegentlich übernachten und müsste dann nicht täglich die Strecke aufs Land fahren. Wenn man will und sucht, gibt es immer Lösungen. Für Annika wäre das denkbar, doch Rainer sieht nur die Anstrengungen der Haussuche und des Umzugs. Dazu braucht man einfach Energie, die er ja im Moment nicht hat. Daher wollen wir erst einmal diese Wohnung in Schwung bringen. Strömt die Lebenskraft wieder besser, gelingt es Rainer sicherlich leichter, den Sprung zu schaffen und seinen Traum vom Landhaus zu verwirklichen.

Betritt man die Wohnung, steht man in einem endlos lang wirkenden Flur. Wie ein Pfeil schießt die Energie hier durch. Für die Zimmer, die rechts und links abgehen, bleibt kaum ein Funken Energie übrig. Gleich das erste Zimmer links ist das Arbeitszimmer, schräg gegenüber das Schlafzimmer, weiter hinten folgen links das Wohnzimmer und rechts Küche und Bad. Diese, am Ende des Flurs liegenden Räume sind einigermaßen ausgewogen, sie bekommen einen Teil der Energie ab, die sich am Flurende staut. An Arbeits- und Schlafzimmer jedoch rauscht der Energiestrom glatt vorbei. Da gilt es eine Bremse einzubauen! Denn genau in diesen beiden Räumen hält sich Rainer die meiste Zeit auf – nachts im Schlafzimmer, tagsüber im Arbeitszimmer. In Küche und Bad ist er nur jeweils für kurze Zeit. Selbst der Wohnraum wird nicht häufig benutzt, denn die beiden gehen abends gerne aus.

Rainer gefällt die Vorstellung, mit Symbolen zu arbeiten. So kleben wir eine große goldene Sonne auf die Tür zum Arbeitszimmer, einen großen silberner Mond auf die Tür zum Schlafzimmer. Die Sonne, als Zeichen der Aktivität und Lebenskraft, als das Symbol des Tages. Der Mond hingegen als Herrscher der Nacht, der die Träume und die innere Welt widerspiegelt. Die beiden Symbole sind so auffallend, dass sie den Blick auf sich ziehen und damit den Energiefluss deutlich verlangsamen. Beide Räume, Schlafzimmer und Arbeitszimmer, werden trotzdem noch genauer unter die Lupe genommen.

Für den Flur besorgt sich Rainer einen kleinen runden Teppich, der genau in die Mitte gelegt wird. Dieser Teppich macht aus einem langen Flur zwei kurze, überschaubare Abschnitte. Der Teppich wirkt wie eine Drehscheibe für die Energie. Zugleich markiert er den Mittelpunkt der ganzen Wohnung.

Direkt beim Teppich wird eine kleine Kommode aufgestellt, darüber hängen wir einen Spiegel. Diese Spiegel hing bislang halb versteckt hinter der Eingangstür. Jetzt kommt er bestens zur Geltung und erweitert den Flur optisch.

Rainer und Annika wollen darauf achten, die Kommode nicht mit Krimskrams vollzupacken wie Schlüssel, Taschen, Handschuhe und Ähnliches. Es soll lediglich eine Leuchte darauf stehen, die stets eingeschaltet bleiben soll, da der Flur keine Fenster hat. Da die beiden Bewohner sich in ihrem Zuhause logischerweise gut auskennen, tappen sie gewohnheitsmäßig lieber im Halbdunkel von einem Zimmer zum anderen als erst den langen Weg zu den ungünstig platzierten Lichtschaltern zu machen. Das bedeutet aber, dass das Zentrum der Wohnung stets im Dunkeln liegt. Was für eine Symbolik! Das Zentrum eines Systems sollte doch strahlen!

Vielleicht kennen Sie die schöne Meditationsübung, bei der man sich ein Licht im Herzchakra vorstellt, das über den ganzen Körper ausstrahlt? Es dient dazu, die körperliche Gesundheit zu kräftigen und die seelische Balance zu halten. Für den Organismus einer Wohnung gilt das genauso. Ein Zentrum im Dämmerlicht zu belassen, ist bedenklich. Es wurde Zeit, bei Rainer und Annika das Licht einzuschalten. Die neu installierte Leuchte dient als Symbol für Lebenskraft. Ihr Licht lässt den Flur strahlen, und zwar nicht nur in diesem Bereich. Das Licht gibt dem kompletten Flur eine angenehmere Atmosphäre. Die Düsternis ist verschwunden, auch die ermüdende Länge wird durch das Licht (und natürlich den Teppich) angenehm unterbrochen.

Im Schlafzimmer dominieren ein großes, schweres Bett sowie ein wuchtiger Schrank. Bei beiden handelt es sich um alte, dunkel gebeizte Holzmöbel. Wände und Decke sind weiß gestrichen. Die Decke ist altbautypisch sehr hoch, was diesem Zimmer allerdings nicht guttut, da es fast höher als breit wirkt. Durch das kleine Fenster, das in den Innenhof zeigt, fällt nur wenig Licht. Man hat das Gefühl, in einem Loch zu stehen. Fluchtgedanken kommen auf. Wie sollen hier Seele und Körper Ruhe und Entspannung finden?

Rainer hängt allerdings an den Möbeln. Er möchte sich weder von diesem Bett trennen noch auf den Schrank verzichten. Wir schauen uns in der restlichen Wohnung um, doch eine vernünftige Alternative, den Schrank unterzubringen, finden wir nicht. Die Möbel in einer anderen Farbe zu lackieren verbietet sich von selbst, da es sich um eine Antiquität handelt.

So entscheiden wir uns für eine andere Wandfarbe. Ein Pfirsichton bringt dem kalt wirkenden Raum mehr Wärme. Vor das Fenster hängen wir einen apfelgrünen Vorhang aus leichtem Gazestoff. Bisher hatte das Fenster keine Vorhänge, denn das Zimmer ist von außen nicht einsehbar. Aber die zusätzliche Farbe tut gut, sie macht den Raum fröhlich.

Um die gewaltige Raumhöhe zu reduzieren, wird aus einem Moskitonetz ein Baldachin installiert. Das Netz wird in einem sanften Schwung im Kopfbereich über das Bett gehängt, wodurch ein schützender Himmel entsteht.

Auch die Wand soll eine Dekoration erhalten. Der Kontrast zwischen der großen Wandfläche und der Schrankfront ist nämlich immer noch zu hart, auch wenn der neue Farbton der Wand schon einiges abmildert. Wir finden in einer Galerie ein großes Bild, das eine friedliche Landschaft zeigt – die saftig grünen Hügel, von denen Rainer träumt. Dieses Bild bekommt einen schönen Platz in Rainers Schlafzimmer. Er verinnerlicht es und macht es zur Quelle seiner Kraft. An diese innere Kraftquelle wird Rainer nun täglich erinnert, denn er hat das Bild beim Einschlafen und beim Aufwachen vor Augen. Es gibt seiner Seele Frieden und Stärke.

Im Arbeitszimmer fällt auf, dass das große Fenster genau gegenüber der Tür liegt. In dieser Linie zwischen Tür und Fenster steht Rainers Schreibtisch. Er sitzt also stets mit dem Rücken zur Tür, sein Blick fällt auf die belebte Straße. Beides strengt an und laugt aus. Zwischen zwei Wandöffnungen baut sich immer ein Energiefluss auf. Dieser bleibt auch dann erhalten, wenn Tür und Fenster geschlossen sind. Man müsste eine der Öffnungen schon zubauen oder einen Schrank davor stellen, um den Energiestrom zu stoppen. Natürlich braucht dieser Raum sowohl die Tür als auch das Fenster. Aber der Tisch muss ja nicht genau dazwischen stehen. Wir rücken also Rainers Schreibtisch aus der aktiven Zone heraus und drehen ihn um neunzig Grad. Jetzt hat Rainer eine stabile Wand im Rücken. Er hat einen freien Blick über den gesamten Raum und kann trotzdem Tür und Fenster aus den Augenwinkeln wahrnehmen.

Rainer kann schlagartig besser durchatmen. Er ist sehr sensibel und spürt förmlich die Ruhe, die auf dem neuen Sitzplatz herrscht. Wie anstrengend war das vorher, was für ein ständiger Kampf, stellt er erstaunt fest. Weil sein Blick nun nicht mehr auf den hektischen Betrieb der Straße gerichtet ist, wird er auch nicht mehr so leicht abgelenkt.

Wir befestigen an der Wand gegenüber seinem Schreibtisch zusätzlich ein Bild, das ihm hilft, sich zu zentrieren. Ein schwungvoll gemalter großer Kreis mit einem eindeutigen Mittelpunkt ist hier zu sehen. Es ist ein abstraktes, modernes Gemälde, das viele Grüntöne enthält, der Mittelpunkt ist Rot. Das sind die beiden Farben, die Rainer zurzeit am meisten braucht. Rot steht für Vitalität und Lebenskraft, Grün für Gesundheit und Harmonie.

Die weitere Entwicklung

Rainer hat einen richtigen Energieschub durch die Veränderungen in seinem Umfeld bekommen. Sein Frust, von Arzt zu Arzt gelaufen zu sein, ohne dass eine Behandlungsmethode angeschlagen wäre, legte sich. Er nutzte diesen Energieschub und machte einen neuen Anlauf. Bei einer Ärztin, die zugleich als Heilpraktikerin ausgebildet war, fand er schließlich die Unterstützung, die er brauchte und die ihm noch weiter auf die Beine half.

Rainer und seine Freundin wohnen immer noch in der Stadt. Allerdings, da Rainer nun viel mehr Energie hat, nutzen sie jedes freie Wochenende, um rauszufahren. Sie machen kleine Wanderungen und gehen viel im Grünen spazieren. Der Wunsch nach einem Zuhause auf dem Land ist nur verschoben.

Wenn auch Sie gesünder leben wollen

Den Besuch beim Arzt kann keine Wohnberatung ersetzen, dass sollte jedem klar sein. Auch wer dringend Sport machen, sich gesünder ernähren oder insgesamt ausgewogener leben sollte, kann dieses nicht durch Symbole ersetzen. Doch ein Gesundheitsprogramm durch Symbole zu unterstützen, das funktioniert durchaus. Außerdem können Sie sich in Ihren Vorhaben bestärken lassen. Geeignete Symbole helfen Ihnen zu mehr Ausdauer.

Wer dazu unter häufiger Müdigkeit und Antriebslosigkeit leidet, sich scheinbar grundlos ausgelaugt und kaputt fühlt, sollte seinen bevorzugten Sitz- und Schlafplatz genauer betrachten. Vielleicht liegen diese in einer aktiven Zone, also in dem Bewegungsraum zwischen einer Tür und einem Fenster, oder zwischen zwei Türen? Dann stellen Sie Ihre Möbel um! Aus der Bewegungszone herauszugehen ist einfach und wirkungsvoll. Andere Hilfsmittel sollten Sie wirklich nur dann wählen, wenn die direkte Methode nicht möglich ist. Eine Alternative wäre, auf dem Tisch vor sich einen Spiegel zu platzieren. Damit hat man den Raum hinter sich im Blick und kann nicht überrascht werden. Auch die Tür mit einem Glocken- oder Klangspiel zu versehen, ist möglich, auch das kündigt Besucher an. Ein Fenster lässt sich mit Dekorationen versehen, die den Blick und damit die Energie auffangen und im Raum halten. Bemalte Glasbilder, geschliffene Kristalle, bunte Achatscheiben sind nur ein kleiner Teil der Auswahl. Aber auch bizarr geformte Zweige oder eine Reihe von Zimmerpflanzen können als wirkungsvoller Blickfang dienen.

Das Zentrum einer Wohnung spiegelt die Gesundheit des ganzen Systems wider. Licht und Pflanzen sind die stärksten Vermittler von Lebenskraft. Wer kann, sollte sich in der Mitte seines Hauses eine Pflanzengruppe anlegen. Toll wären auch Kräuter, da sie die gedankliche Brücke zur Gesundheit leicht machen. Ideal sind natürlich die Atriumhäuser, die genau in der Mitte einen Innenhof beziehungsweise Garten haben. Doch unsere Bauweise ist meistens anders, in der Mitte vieler Wohnungen befinden sich der Flur, ein Abstellraum oder ein innen liegendes Bad. Im Flur oder Bad können Sie Ihre Pflanzen ja noch mit einer speziellen Pflanzenleuchte am Leben halten, doch in einem Abstellraum wirkt selbst ein Blumenstrauß deplaziert. Dann hilft nur eins: Licht, so viel Sie sich leisten mögen. Denn auch das Licht ist ein großartiger Repräsentant für Gesundheit und Vitalität. Unterstützende Lichtfunken geben Kristalle, die das Licht in Regenbogenfarben brechen. Für einen innen liegenden Abstellraum gilt übrigens im besonderen Maße, dass er aufgeräumt sein muss. Denn wenn hier Chaos herrscht und das Zentrum ein Sinnbild für Ihre Gesundheit ist – wie soll da etwas in Ordnung kommen? Stopfen Sie die Regale Ihres Abstellraums also nicht lieblos voll, sondern schaffen Sie hier Übersicht und Ordnung. Achten Sie auch darauf, dass der Raum nicht stickig, sondern stets gut belüftet ist.

Auch Wasser gilt als Sinnbild für Gesundheit. Ein Brunnen, der übrigens in vielen Atriumhäusern ganz selbstverständlich in die Mitte des Innenhofs gebaut wird, kann also ebenfalls im Zentrum eines Hauses stehen. Am besten hierfür eignet sich ein Zimmerspringbrunnen. Das sprudelnde, sauerstoffreiche Wasser versprüht Lebendigkeit. In einer Schale stehendes Wasser ist nur bedingt geeignet, es sei denn, das Wasser wird täglich gewechselt.

Die Schwierigkeit bei diesem Thema ist, dass man eigentlich Energie braucht, um anzufangen. Doch gerade die Energie ist es, die einem fehlt, wenn man ständig kränkelt. Machen Sie nur so viel, wie Sie gerade können. Für den Anfang mag es reichen, Ihren Energiepegel mit Bachblüten zu heben. Gut geeignet ist *Gorse* (13), das gerade auf Menschen wirkt, die ziemlich niedergeschlagen sind und denken, sie hätten doch schon alles probiert, doch nichts würde ihnen helfen. Diese wunderbare Blüte kann zumindest einen Funken in ihnen entzünden, den sie dazu nutzen, um den nächsten Schritt zu tun – das Licht zu installieren, einen Brunnen zu besorgen oder Kräuter zu pflanzen. Auch *Gentian* (12) ist hilfreich für Menschen, die gerne alles anzweifeln und sich leicht entmutigen lassen. Dann gibt es noch *Hornbeam* (17) und *Olive* (23), die beide auf Erschöpfungszustände reagieren.

Unterstützen lässt sich ein angeschlagenes und misstrauisches Unterbewusstsein noch durch einen helfenden Satz: „Ich finde genau die Therapien, die ich mir leisten kann und die mich gesund machen." Oft ist es eine Kombination von Maßnahmen. Glauben Sie nicht, dass alles, was Sie bisher unternommen haben, umsonst war. Vielleicht war alles eine wichtige Vorbereitung, und es fehlt nur noch der letzte Tropfen, der den Ausschlag gibt. Je mehr es Ihnen gelingt, Ihre Aktivitäten positiv zu sehen, desto stärker und reiner kann die Energie wirken.

Es ist wie eine Spirale. Jeder noch so winzige Schritt, den Sie für Ihre Gesundheit tun, auch in der äußeren Symbolik, schenkt Ihnen ein bisschen mehr Energie. Diese können Sie erneut zum Aufbau Ihrer Fitness nutzen und bekommen wieder mehr zurück. Und so weiter. Irgendwann sind Sie gesund!

Wenn die Zweifel wachsen

„Wege entstehen dadurch, dass man sie geht."

(Franz Kafka)

Für dieses Buch habe ich zehn Beispiele ausgewählt von Menschen, die ihre Probleme in die Hand genommen und einen Weg hinaus geschafft haben. Sie sind nun bei der Hälfte angelangt. Diese Beispiele sollen Mut machen und dazu anregen, es auch zu probieren. Es geht nämlich!

Und trotzdem: Manche Menschen reagieren genau gegenteilig auf solche Beschreibungen. Sie lesen all die schönen Berichte, hören von Menschen, die es geschafft haben, aus ihrem „Elend" herauszukommen – und kommen sich dabei selbst klein und schäbig vor: „Immer die anderen haben das Glück ... ich habe doch auch schon eine Menge versucht ... bei mir klappt so etwas nie ... na ja, typisch, wird wohl an meiner verpfuschten Kindheit liegen ... oder an meinem Karma ..." Solche und ähnliche Gedanken gehen ihnen durch den Kopf. Dann suchen sie wieder Beispiele von Leuten, denen es schlechter geht und fühlen sich angesichts eines noch größeren Unglücks wieder etwas versöhnt mit ihrem eigenen Schicksal. Den Unglücklichen hilft das aber nicht, und für sie selbst ist es auch keine Lösung. Denn sie leiden weiter. Es hat ja keine echte Verbesserung stattgefunden, lediglich die Aufmerksamkeit wurde kurzzeitig abgelenkt.

Lassen Sie solche zerstörerischen Gedanken nicht zu! Stellen Sie sich diese Gedanken wie eine dichte dunkle Wolke vor, die auf Sie zukommt, und schieben Sie sie energisch weg, weit von sich. Stellen Sie sich hin (und sei es nur in Ihrer Vorstellung), die Hände energisch in die Hüften gestemmt, und sagen Sie der Wolke: „Du kannst dich in Wohlgefallen auflösen. Ich brauche dich nicht!" Lassen Sie sich von einem Engel dabei helfen, die Wolke zum Verschwinden zu bringen. Der Engel kann sich schützend zwischen Sie und die Wolke stellen.

Schulen Sie Ihr Vertrauen in sich selbst und ins Leben. Selbst wenn eine Situation schon zwanzig oder auch fünfzig Jahre lang andauert oder noch länger, es sogar bei den Eltern und Großeltern dasselbe war wie bei Ihnen – irgendwann kann und darf es vorbei sein. Glauben Sie an die Möglichkeit für eine Änderung. Machen Sie nicht nieder, was Sie bisher unternommen haben, um Ihre Lage zu verbessern. Vielleicht waren ja alle anderen Methoden, die Sie bisher ausprobiert haben, nur eine notwendige Vorstufe zu Ihrem nächsten Versuch. Der vielleicht das letzte Steinchen ist, das nun endlich alles ins Rollen bringt.

Wenn Sie auf eine lange Reihe schlechter Erfahrungen zurückblicken, dann versuchen Sie trotzdem, darin etwas Positives zu entdecken. Immerhin haben Sie das Ganze durchgestanden. Das ist doch eine beachtliche Leistung! Seien Sie stolz darauf! Zählen Sie nicht auf, was Sie alles hätten besser oder anders machen können. Das kann man im Nachhinein immer sagen. Als Sie mittendrin standen, haben Sie eben getan, was Ihnen möglich war. Was nützt es zu sagen: „Ich hätte stärker sein müssen ... oder weicher ... oder klüger ... oder mutiger ... oder vorsichtiger ... oder, oder, oder." Sie sind jetzt erst stark, weich, klug, mutig, vorsichtig und so weiter. Eben, weil Sie die ganzen Erfahrungen gemacht haben. Vorher waren Sie es nicht. Also seien Sie nicht unglücklich über die Erfahrungen, sondern freuen Sie sich. Denn Sie haben etwas gelernt dabei. Viel sogar!

Und jetzt haben Sie einen klaren Blick für die Dinge in Ihrem Leben, die noch nicht in Ordnung sind. Die sind nun an der Reihe. Alles hat seine Zeit.

Und wenn Ihnen wieder einmal Zweifel kommen, ob Sie alles auch so gut hinkriegen wie unsere zehn „Hauptdarsteller", dann sagen Sie sich ein klares und eindeutiges „JA!" Setzen Sie Ihre Ziele so, dass sie erreichbar sind. Stellen Sie sich vor, Sie wollten eine Bergtour machen. Da Sie in den letzten Jahren kaum Sport gemacht, stattdessen eine echte Leidenschaft für Chips und Cola entwickelt haben, ist Ihr Fettgewebe nun besser ausgebaut als Ihre Muskeln. Sprich, Sie sind gänzlich untrainiert. Den festen Willen zur Bergtour haben Sie trotzdem, denn es soll sich ja nun einiges ändern in Ihrem Leben. Sie finden es gut, in die Natur zu gehen, sich zu bewegen und frische Luft in Ihre Lungen strömen zu lassen. Wenn Sie sich jetzt für einen Dreitausender entscheiden, müde wie Ihr Körper gerade ist, ist die Gefahr, dass Ihnen unterwegs die Puste ausgeht, erheblich größer als die Chance, den Gipfel zu erreichen. Wenn Sie sich aber den Dreitausender als Ziel für das kommende Jahr vornehmen und erst einmal mit einer Wanderung in der Ebene anfangen, schaffen Sie es.

Auf die Lebensbereiche umgesetzt, bedeutet das: Setzen Sie sich realistische Ziele! Nehmen wir an, Sie brauchen dringend mehr Geld. Ein Lottogewinn könnte Ihnen helfen, aber im Grunde glauben Sie nicht so richtig dran. Eigentlich sind Sie mehr der Typ, sich das Geld zu erarbeiten. Das ist immerhin schon ein gutes Stück Selbsterkenntnis. Wenn Sie sich jetzt als Ziel setzen, im nächsten Monat doppelt so viel Geld zu verdienen wie in diesem, dann mag das gehen, wenn es sich um Beträge im Hunderterbereich handelt. Aber kein Chef wird ein Durchschnittsgehalt auf das Doppelte erhöhen. Sie können sich auch gar nicht vorstellen, dass er das tun würde. Könnten Sie es, hätten Sie tatsächlich eine Chance. Wunder erfordern einen immensen Glauben an das Unmögliche. Jeglicher Zweifel erstickt das Wunder. Nehmen Sie achselzuckend zur Kenntnis, dass Sie eben mehr Realist sind statt Wundergläubiger und setzen Sie die Ziele so, dass Sie sie auch glauben können. Das ist das Wichtigste: Sie müssen daran glauben können!

Können Sie sich vorstellen, dass Sie im nächsten Monat eine Mehreinnahme von 100 Euro haben? Oder 50 Euro? Oder 10? Vielleicht durch eine Gehaltserhöhung?

Oder einen Gewinn? Oder eine kleine Nebentätigkeit? Gehen Sie in Ihrer Vorstellung so weit herunter, bis Ihr Inneres ruft: „Ja, das kann ich mir vorstellen!" Dann fangen Sie mit dieser Größenordnung an. Als großes Ziel können Sie sich daneben aber den Geldbetrag setzen, den Sie wirklich brauchen und wollen.

Oder wenn es um den Bereich Partnerschaft gehen soll. Wenn Sie bereits eine Serie von Enttäuschungen erlebt haben, ist es vielleicht unvorstellbar für Sie, dass auch Sie eines Tages zu den Glücklichen gehören sollen. Dann fangen auch Sie mit vorstellbaren Schritten an. Wenn es nicht das gemeinsame Paradies ist, weil Ihnen das zu groß und zu unmöglich erscheint, dann nehmen Sie einen Ausschnitt. Nur für den Anfang natürlich, das „Paradies" sollte schon Ihr Endziel bleiben. Vielleicht können Sie sich vorstellen, einen Menschen kennenzulernen, den Sie einfach nur sehr interessant finden. Es kann anfangs durchaus ein Flirt auf die Ferne bleiben, vielleicht, weil er ein Geschäftspartner ist oder am Tresen einer Bank sitzt oder an einer Kasse, wo eine persönliche Kontaktaufnahme erst einmal nicht möglich ist. Oder Sie lernen jemanden kennen, mit dem Sie ein Hobby teilen, in den Sie sich aber nicht auf Anhieb verlieben würden. Durch die Gespräche und Gemeinsamkeiten wird sich mit der Zeit viel Nähe und Vertrauen aufbauen, und Sie könnten Ihr Herz öffnen für die Liebe.

Haben Sie Lust bekommen, es doch noch einmal zu versuchen? Sagen Sie nicht: „Nun ja, einmal noch." Sagen

Sie: „Immer und immer wieder." Das ist das eigentliche „Ja" zum Leben! Freuen Sie sich mit den nächsten fünf Kandidaten über ihren Erfolg, schauen Sie interessiert zu, welchen Weg sie gegangen sind, und packen Sie dann Ihr eigenes Leben bei den Hörnern.

Wenn Sie ein bisschen Unterstützung gut gebrauchen, aber nicht auf ein stabiles Umfeld bauen können, sprich auf Menschen, die Sie auf Ihrem Weg unterstützen, dann stellen Sie sich einfach die große Gruppe von Menschen auf der Welt vor, denen es genauso geht wie Ihnen. Verbinden Sie sich mit dieser Energie und Kraft. Lassen Sie das Wissen in sich hineinsickern, dass Sie keineswegs alleine sind mit Ihrer Suche nach Glück, Liebe, Erfolg und Gesundheit. Dass Sie sich das wünschen dürfen und nicht dazu verurteilt sind, ein besonders schweres Schicksal zu tragen. Das ehrt Sie vielleicht, aber die Überwindung desselben würde Sie auch ehren und zusätzlich befreien.

Wenn Sie zwischendurch aber etwas Handfestes brauchen, dann schauen Sie sich doch bei den Edelsteinen um. Diese eignen sich hervorragend als Begleiter. Lassen Sie sich von deren spezifischer Kraft anregen, um dieselbe Fähigkeit in Ihrem Wesen zu stärken.

Geduld schenkt der *Aventurin*, Vertrauen der *Rosenquarz*, Selbstvertrauen der *Sodalith* und Hoffnung der *Smaragd*. Gehen Sie in einen Edelsteinladen und lassen sich beraten – oder von den Steinen selbst inspirieren.

Nehmen Sie einen Stein in die Hand und fühlen Sie, wie er sich anfühlt. Stellen Sie innerlich die Frage an den Stein, ob er Ihnen Festigkeit und Vertrauen vermitteln kann und lauschen Sie, welches Gefühl als Antwort bei Ihnen auftaucht.

Außerdem gibt es eine ganze Reihe gut wirksamer Bachblüten, die helfen, die ewigen Zweifel und Unsicherheiten zu beruhigen und umzuwandeln in Vertrauen und Zuversicht. Probieren Sie *Centaury* (4), wenn Sie dazu neigen, Ihre eigenen Entscheidungen anzuzweifeln. Oder *Gentian* (12), wenn Sie sich leicht entmutigen lassen und von Haus aus sehr skeptisch veranlagt sind. Oder *Gorse* (13), wenn Sie an einem Punkt der völligen Hoffnungslosigkeit angelangt sind. *Holly* (15), wenn Sie misstrauisch sind, unzufrieden und ständig auf der Hut. *Larch* (19), wenn Sie vom nächsten Fehlschlag überzeugt sind und sich selbst für einen Versager halten. *Pine* (24), wenn Sie zu hohe Anforderungen an sich stellen, die Sie nicht erfüllen können und sich dann schuldig fühlen. *Sweet Chestnut* (30), wenn Sie Ihre Lage für ausweglos halten. *Wild Rose* (37), wenn Sie sich resigniert in ein unglückliches Schicksal gefügt haben.

Charlene sucht nach Lebensfreude und einem festen Partner

„Dem Betrübten ist jede Blume ein Unkraut, dem Fröhlichen ist jedes Unkraut eine Blume."

(Finnisches Sprichwort)

Die Geschichte

Seit ihrer Trennung lebt Charlene allein. Vierundzwanzig Jahre lang hat sie mit einem Mann zusammengelebt, dann kam eine Jüngere, und er hat sie verlassen. Nun ist sie seit zehn Jahren allein. Charlene ist einundsechzig Jahre alt und seit einem Jahr im Vorruhestand. Mit dem Alleinsein kommt sie nicht gut zurecht. Sie fühlt sich oft einsam und traurig. Ihr Leben verläuft gleichmäßig, was fehlt, ist vor allem die Freude. Gerne hätte Charlene wieder einen Partner. Ihrem früheren Lebensgefährten grollt sie inzwischen nicht mehr, aber das hat sehr lange gedauert, gibt Charlene zu. Sie sucht eine sehr feste Partnerschaft, in der Sicherheit und Vertrauen an erster Stelle stehen. Am liebsten würde sie sogar heiraten.

Die Lösung

Charlene lebt in einer Drei-Zimmer-Wohnung, in einer schön gestalteten, relativ neuen Wohnanlage. Ihre Wohnung hat einen Balkon mit einer herrlichen Aussicht. Erst vor kurzem ist Charlene in diese Wohnung eingezogen.

Sie ist die dritte Bewohnerin dieser Wohnung. So recht heimisch fühlt sie sich immer noch nicht. Daher empfiehlt es sich, als Erstes die Wohnung zu reinigen. Das heißt, einmal gründlich putzen und lüften. Dann vor allem eine energetische Reinigung durchführen, um alle störenden Energien der Vorbewohner aus der Wohnung zu entfernen. Geeignet wäre eine Räucherung mit Weihrauch oder Salbei. Allerdings sind Charlene Räucherungen nicht besonders sympathisch, sie sagt, sie bekomme davon stets Hustenanfälle. Besser gefällt ihr die Vorstellung einer brennenden Kerze. In deren Flamme wird alles verbrannt, was an energetischen Erinnerungen an die vorigen Bewohner und sogar an Stress der Handwerker beim Bau des Hauses in der Wohnung zurückgeblieben ist. Charlene besorgt sich eine kräftige rote Kerze, die sie morgens anzündet. Dann geht sie mit der Kerze durch alle Räume und stellt sich dabei intensiv vor, wie die Flamme alle fremden Energiefelder auflöst und ihre Wohnung energetisch reinigt. Die Kerze darf noch den ganzen Tag weiterbrennen. Jetzt sind die Räume frei, um Charlenes Energie aufzunehmen. Es fühlt sich für sie an, als sei sie an diesem Tag erst eingezogen.

Beim Eintreten in Charlenes Wohnung fällt der Blick sofort auf die gegenüberliegende Balkontür, denn die Diele hat einen offenen Durchgang zum Wohnraum. Kaum ist man drin, fällt man quasi schon wieder hinaus. Ein starker Kraftstrom, der in der Wohnung nicht Halt macht, sondern wie ein Windstoß hindurchfegt. Das muss sich ändern! Dieser Energiestrom soll in der Wohnung gehalten werden.

Charlene findet die Idee eines Klangspiels schön. Wir befestigen es oberhalb der Eingangstür, so dass es bei jedem Öffnen leicht angeschlagen wird. Die Aufmerksamkeit wird so erst einmal auf den Klang gelenkt und nicht sofort auf die Aussicht am Balkon. Doch das genügt noch nicht. In den offenen Durchgang hängen wir einen pastellfarbenen Glasperlenvorhang. Dieser ist durchsichtig genug, um noch genügend Licht in die Diele zu lassen. Doch der Energiefluss ist erst einmal umgelenkt – aus einem schnellen Strom wurde eine kreisende Bewegung.

Sobald man aber ins Wohnzimmer geht, ist der Strom sofort wieder da. Die breite Balkontür mit der herrlichen Aussicht ist wie ein Magnet. Charlene ist im Grunde stolz auf diese Aussicht und hat deshalb auch keine Vorhänge. Aber andererseits möchte sie auch nicht jeden Funken Kraft zum Fenster hinauswerfen. Sie ist damit einverstanden, eine Achatscheibe und ein Fensterbild in die Balkontür zu hängen. Sie findet ein schönes Motiv, das den Heiligen Christophorus darstellen soll und aus farbigen Glasplättchen zusammengesetzt ist. Diesen Heiligen mochte Charlene schon immer, sie freut sich über den zusätzlichen himmlischen Schutz an dieser Glaswand. Der Blick nach draußen ist immer noch gegeben, aber die Aussicht spielt nicht mehr die Hauptrolle. Die Achatscheibe – und vor allem das Fensterbild sind ein wirkungsvoller Blickfang.

Um Charlenes Wünschen nach Lebensfreude und Partnerschaft auf die Sprünge zu helfen, suchen wir nun einen

guten Platz in ihrer Wohnung, an dem wir die Wunscherfüllung mit entsprechender Symbolik verankern können. An
der einen Wand steht ein Keyboard. Das ist wunderbar!
Ein Musikinstrument strahlt schließlich immer Lebensfreude aus. Doch die Umgebung wirkt eher dürr und lädt nicht
gerade ein, Musik zu machen. Bisher wurde das Instru-
ment auch selten gespielt – das spiegelt typisch Charlenes
Ablehnung jeglicher Freude wider. Aber das soll sich nun
ändern! Der Platz soll so stark aufgewertet werden, dass
sich Charlene gerne dort aufhalten wird.

Gut geeignet wäre ein Spiegel, der über dem Keyboard hängt, oder auch ein Bild, das den Blick in eine weite Landschaft freigibt. Damit wird die Energie dieses Le-
bensbereiches symbolisch geöffnet und erweitert.

Charlene besitzt tatsächlich ein Landschaftsbild, das
sich hierfür eignet. Es macht sich ausgezeichnet an dieser Wand! Dazu soll Charlene immer wieder eine Vase mit
Blumen stellen, die Lebendigkeit, Farbenpracht und Freude vermitteln. Am besten geeignet sind Sonnenblumen, da
sie richtig ansteckend wirken. Aber die Auswahl der Blüten
darf natürlich der Jahreszeit entsprechend wechseln.

Damit ist es aber noch nicht genug. Wenn Kreativität
und Lebensfreude ans Licht geholt werden sollen, sollte
man gerade in der Anfangszeit lieber etwas übertreiben.
Das lädt ein zum Spielen und Dekorieren! Beides macht
Charlene Spaß, die im Grunde ein sehr kreativer Mensch

ist. Über dem Keyboard hängt nun schon das Landschaftsbild. Daneben montieren wir ein schmales Sims, auf dem eine Reihe Kerzen stehen, und zwar in unterschiedlichen Haltern. Nur keine Eintönigkeit hier! Die restliche Wandfläche ist frei für jahreszeitliche Dekorationen. An Ostern gibt es bemalte Eier, im Mai farbige Bänder, im Sommer einen Ährenkranz, im Herbst ein Korb mit frischen Früchten und Nüssen, Glocken und Sterne in der Weihnachtszeit. Im Fasching wird Charlene vielleicht sogar Luftschlangen aufhängen. Oder eine venezianische Maske basteln. Schon darüber nachzudenken macht Charlene Spaß. Außerdem ist diese Wand jetzt so attraktiv, dass sie spontan wieder Lust hat, sich ans Keyboard zu setzen und ein wenig zu spielen. Es wirkt schon!

Im Moment ist Charlene also hoch motiviert, schon durch wenige Veränderungen. Da ihr Trübsinn aber doch ziemlich tief sitzt, besteht die Gefahr, dass die anfängliche Euphorie nach ein paar Tagen wieder abklingt. Immer noch koppelt sie außerdem „Lebensfreude" mit „Partnerschaft". Wichtig für Charlene ist es, sich ein persönliches Programm der Freude zu gestalten. Denn ihre innere Zufriedenheit und Lebensfreude sollen ja nicht von der Anwesenheit eines Partners abhängen, sondern aus ihr selbst kommen. Der Gedanke daran macht Charlene aufmerksam und ruhig. „Dann wäre ja das Alleinsein nicht mehr so schlimm", meint sie. Genau! Und dann kann auch ein neuer Partner kommen. Das ist deutlich schwieriger, wenn sie einen großen Druck aufbaut, wie durch ihre bisherige

Ausstrahlung „Mach mich glücklich." Das spüren andere Menschen unbewusst, und davor haben sie zu Recht Angst. Denn Forderungen dieser Art kann man für andere auf Dauer nicht erfüllen. Das muss von innen kommen, für den Seelenfrieden muss man schon selbst sorgen.

Einen Monat lang wird Charlene sich also noch nicht auf Partnersuche machen, sondern sich erst einmal um sich selbst kümmern. Täglich soll sie sich ein bisschen Freude schenken: Sich einen lang gehegten Wunsch erfüllen, einen Ausflug machen, etwas besichtigen, einen langen Spaziergang unternehmen, ein Vollbad nehmen mit duftendem Irisöl und Honig, Musik hören; sich einen Blumenstrauß oder ein neues Parfum schenken; eine Freundin einladen oder alte Bekannte anrufen; einen Brief schreiben; da es bereits Herbst ist, bunte Blätter sammeln; falls es schneit, einen Miri-Schneemann auf ihrem Balkon bauen, und so weiter. Schon allein die Ideen für die persönliche Freude eines jeden Tages lässt Charlene aufleuchten. Es ist wirklich ein buntes Programm zusammengekommen, das sie täglich ergänzen kann.

Dazu will sie sich überlegen, wie sie anderen Menschen Freude machen kann. Sie möchte schließlich kein Egozentriker werden, auch wenn sie weiß, dass man anderen keine Hilfe ist, wenn man selbst als Griesgram durchs Leben läuft. Aber sie will zeitgleich damit anfangen, und sei es, dass sie ein Lächeln verschenkt, eine freundliche Geste oder anderen eine Hilfestellung anbietet. Was man selbst aussendet, kehrt doppelt und dreifach zu einem zurück. Das weiß Charlene, nur hat sie es in der Vergangenheit kaum genutzt. Und wenn, dann im negativen Sinn, indem sie Groll und Bitterkeit ausgestrahlt hat. Das ist vorbei, beschließt Charlene, ungewohnt energisch!

Sobald Charlene spürt, dass ihre Lebensfreude gewachsen und stabil geworden ist, frühestens aber in einem Monat, kommt ihr anderer großer Wunsch an die Reihe, der nach einer erfüllten Partnerschaft. Charlene schlägt spontan ihr Schlafzimmer vor. Es ist für sie traditionell mit enger und vertrauter Zweisamkeit verbunden. Irgendwelche Bekannte würden diesen Raum schließlich nicht betreten.

Das Zimmer ist bereits ansprechend gestaltet. Unterstützend kann Charlene das Bett mit zwei Herzkissen dekorieren. Charlene holt eine Holzplastik hervor. Es ist eine einfache Arbeit, die aber gerade dadurch archaisch und intensiv wirkt. Ein Mann und eine Frau sind da gezeigt, er hat den Arm um ihre Schultern gelegt. Die beiden wirken sehr nah und vertraut, einander zugetan. Das wünscht sich Charlene. Wir stellen die Plastik ans Fenster, damit dieser Wunsch weit ins Land hinausstrahlen und somit den richtigen Partner anziehen kann.

Die weitere Entwicklung

Der Aufbau ihrer Lebensfreude ist wunderbar gelungen. Charlene ist viel fröhlicher geworden, hat etliche verschüttete Interessen wieder entdeckt. Dadurch hat sich ihre Einstellung zur Partnerschaft verändert. Sie ist sich nicht mehr sicher, ob sie überhaupt eine so enge Beziehung haben möchte. Dann müsse sie ja ihre Hobbys vielleicht wieder aufgeben, meint Charlene vorsichtig. Außer natürlich, der Mann würde ihre Interessen teilen oder ihr Zeit dafür lassen. Dasselbe könnte sie ihm nun wie selbstverständlich zugestehen. Es muss kein Mann sein, der nur für sie da ist. Charlene ist wirklich viel selbstbewusster geworden. Sie braucht keine Beziehung mehr, um nicht alleine zu sein.

Einen netten Freund hat sie inzwischen auch gefunden, etwa drei Monate nach der Aktivierung ihres Wunsches nach einer Partnerschaft. Mit diesem Freund kann sie ins Theater gehen oder zum Essen. Solche Unternehmungen waren ihr alleine immer ein Gräuel. Zudem fühlt sie sich mit ihrem Begleiter auf einer Wellenlänge, kann über alles reden, was ihr auf dem Herzen liegt. Das tut ihr unglaublich gut. Ihr ursprünglicher Wunsch nach Zusammenziehen und Heiraten ist im Moment allerdings kein Thema. Charlene ist viel freier geworden, sie klammert weitaus weniger als früher, eine Haltung, die der noch recht frischen Beziehung guttut. Die Freundschaft kann langsam wachsen und sich vertiefen.

Wenn auch Sie sich mehr Lebensfreude wünschen

Der Aufbau der eigenen Lebensfreude ist nicht selten die Voraussetzung dafür, dass viele andere Wünsche wie von selbst in Erfüllung gehen. Gerade wer meint, er sei nur deshalb unglücklich, weil er keinen Partner oder keine Freunde hat, weil er die Kinder vermisst, weil ihm Arbeit und Geld fehlen und so weiter, sollte sich ruhig erst einmal um sein Selbstwertgefühl und die damit verbundene Lebensfreude kümmern. Alles andere stellt sich dann oft ein – weil die Ausstrahlung so gewinnend geworden ist, dass sich jeder davon angezogen fühlt. Einen strahlenden Menschen besucht man gern, man unternimmt gern etwas mit ihm, man hat ihn gern als Kollegen und Mitarbeiter, und eben auch als Partner.

Erwarten Sie nicht von anderen Menschen oder von den Umständen, dass die Sie glücklich machen müssten. Tun Sie das selbst!

Nun gibt es viele Menschen, die genau das nicht möchten, es ist ihnen zu egozentrisch. Sie finden es wichtiger, sich um andere zu kümmern als um sich selbst. Das ist zwar edel gedacht, funktioniert aber nur, wenn Sie sich selbst trotzdem nicht vernachlässigen. Denn geben kann nur, wer etwas hat. Und wenn Sie in sich keine Lebensfreude verspüren, was wollen Sie dann anderen geben und helfen? Aber es kann Hand in Hand gehen. Sie können etwas für sich und für andere tun. Solch ein „Programm" kann wechselseitig aufgebaut sein. Erfüllen Sie sich einen Wunsch, und erfüllen Sie anderen einen Wunsch. Schenken Sie sich etwas, und schenken Sie anderen etwas. Damit gewährleisten Sie, dass Sie sich nicht ausschließlich auf sich selbst beziehen, aber auch, dass Sie sich selbst nicht vernachlässigen. Geben und Nehmen sind ausgeglichen, Sie kommen in Harmonie mit sich und der Welt.

Ein Dreißig-Tage-Programm der Wunscherfüllung ist eine wundervolle Kur. Wenn Sie glauben, nicht so viel Zeit zu haben, gönnen Sie sich zumindest eine Woche. Vielleicht aber wollen Sie gar nicht mehr damit aufhören?

Zeigen Sie auch in Ihrer Wohnung, dass Ihr Leben mit Freude angefüllt sein soll. Suchen Sie sich einen Bereich in Ihrer Wohnung, der Ihnen dafür geeignet erscheint. Erinnern Sie sich an die Kreativität, Freude und Begeisterung von Kindern. Wie waren Sie als Kind? Duften Sie spielen, Spaß haben, Ihre Kreativität leben? Falls ja, kramen Sie so viel wie möglich von dieser Erinnerung hervor, machen Sie sie lebendig. Falls nicht: Sollte Sie die Erinnerung an Ihre eigene Kindheit immer noch traurig stimmen, ziehen Sie entschlossen einen Schlussstrich unter diese Erlebnisse. Glauben Sie: Ihre Eltern haben getan, was sie aus ihrer Entwicklungsstufe heraus tun konnten. Mehr ging nicht. Auch wenn Sie sich sicher sind, Sie hätten es besser gemacht – Ihre Eltern konnten das nicht. Machen Sie ihnen nicht länger Vorwürfe. Das ist ihr Schicksal.

Sie sind trotz allem erwachsen geworden und können nun selbst entscheiden, ob Sie sich der Freude oder den Sorgen zuwenden wollen. Und zwar unabhängig davon, was früher war. Schauen Sie in die Zukunft! Wenn es früher nicht möglich war, dann wird es jetzt Zeit, die verspielte Seite Ihres Wesens zu entdecken. Suchen Sie danach, Sie werden einen Bereich finden, den Sie lieben. Entdecken Sie Ihre Kreativität! Sagen Sie jetzt nicht, Sie seien nicht kreativ. Jeder ist es, nur manche wissen nichts davon. Mögen Sie schreiben oder malen? Zeichnen? Steine bearbeiten? Oder den Garten bepflanzen? Musik machen? Trommeln? Singen? Tanzen? Denken Sie sich gern Spiele aus oder Rätsel? Machen Sie gerne Blumengestecke? Basteln sie gerne? Vielleicht Schmuck? Oder Weihnachtsdekorationen? Bauen Sie gerne etwas? Ist Holz Ihr Lieblingswerkstoff? Oder tauchen Sie lieber ab in Fantasiewelten? Schreiben Sie sie auf, oder setzen Sie sie um in Farbe, Musik und Rhythmus. Finden Sie Ihre kreative Ader! Lassen Sie sich dazu anregen, indem Sie Ihre Kreativecke mit Notenblättern, Bildern, Schriftstücken, Blumen und vielem mehr dekorieren. Wählen Sie Symbole aus, die Ihrer persönlichen Vorstellung von Kreativität möglichst nahekommen.

Auch kleine Spielereien sind hier gut aufgehoben. Alles, was Spaß macht. Sinn und Zweck müssen diese Dinge nicht haben. Dazu zählen alle Arten von Spielzeug, vor allem alles, was sich bewegt, aus Blech oder aus Holz, ganz nach Belieben.

Wenn Sie sich nicht sicher sind, mit welchem Lebensbereich Sie Ihre Veränderungen anfangen wollen, ist der Aufbau der eigenen Lebensfreude ein idealer Anfang. Ist dieses Potenzial erst einmal aufgefüllt, sind Sie sowieso unschlagbar. Viel Spaß dabei!

Gunter braucht dringend Erfolg

„Vielleicht verdirbt Geld den Charakter. Auf keinen Fall aber macht Mangel an Geld ihn besser.“

(John Steinbeck)

Die Geschichte

Gunter hat sich vor fünf Jahren selbstständig gemacht. Anfangs lief es sehr gut. Schon nach wenigen Monaten hatte er zwei Mitarbeiter eingestellt und zusätzlich auch noch zwei bis drei Aushilfskräfte beschäftigt. Vor kurzem konnte Gunter sogar in eine größere Halle umziehen. Seither aber geht alles schief. Jetzt wackelt seine kleine Firma schon bedrohlich.

Die Lösung

Wenn ein gut funktionierendes System nach einem Umzug ins Trudeln gerät, hat das oft mit der Energie des neuen Ortes zu tun. Spätestens dann ist es sinnvoll nachzuforschen, was hier vorher geschehen ist. Denn Orte haben ein gutes Gedächtnis – und die Geschichten der Menschen, die vorher hier gelebt und gearbeitet haben, wirken noch lange Zeit weiter. Wir finden unschwer heraus, dass die Halle nur deshalb frei geworden ist, weil der Vormieter Konkurs anmelden musste. Dass Gunter nie danach gefragt hatte, als er die Halle angemietet hat, ärgert ihn. Denn er hat nun ein schweres Erbe auf sich genommen, das in dem Gebäude noch verhaftet ist. Der Druck und das Leid der Vormieter liegen noch spürbar auf dem Gebäude. Am liebsten würde Gunter sofort wieder umziehen, doch das kann er sich im Moment nicht leisten. Er muss mit den Gegebenheiten klarkommen.

Und das wird er sicher. Denn das Gebäude war ja nicht immer belastet, es kann also auch wieder davon befreit werden. Die letzten Ereignisse wirken zwar noch nach, aber sobald man es einmal weiß, gibt es auch Möglichkeiten, das Energiefeld wieder zu klären. Alle Arten von energetischen Reinigungen sind geeignet, um die alten, belastenden Erinnerungen hinauszuschicken und den Boden für den eigenen Erfolg zu bereiten.

Die vier Elemente Erde, Feuer, Luft und Wasser stehen für eine Raumreinigung zur Verfügung. Salz oder Kristalle sind geeignet, will man mit dem Element Erde einen Raum reinigen. Kerzen und Räucherungen stehen für das Element Feuer. Weihwasser gehört natürlich zum Element Wasser. Die Klänge schließlich, etwa durch Glocken, Klangschalen, Trommeln oder Gesang, zählen zum Element Luft.

Mit Räucherungen hat Gunter schon gute Erfahrungen gemacht, daher steht seine Entscheidung hierfür schnell fest. Da es sich um starke negative Kräfte handelt, mischen wir Weihrauch und Myrrhe. Diese beiden Stoffe zusammen haben eine gewaltige Reinigungswirkung und bieten zugleich einen starken Schutz vor allen negativen Einflüssen. Wir räuchern die Halle und den Büroraum, dazu den Eingangsbereich, und machen auch einen Gang außen um das Gebäude. Die Wirkung ist stark spürbar. Es ist, als werde eine tonnenschwere Last entfernt. Sehr befreiend!

Im Abstand von jeweils zehn Tagen wird Gunter die Räucherung noch zwei Mal wiederholen. Dabei werden Restwirkungen gelöst und hartnäckige Erinnerungen, die Gunter vielleicht noch einmal hochkommen. Er erzählte später, dass es jedes Mal ein Stückchen leichter geworden sei. Das Ereignis selbst, den Konkurs des Vormieters, kann er natürlich nicht vergessen, aber daran ist nun nicht mehr das Schicksal seiner eigenen Firma geknüpft.

Unterstützend wird Gunter die Bachblüte *Crab Apple* nehmen. Sie hat eine gut reinigende Wirkung. Er soll täglich selbst einen Tropfen einnehmen, dazu drei Tropfen in einen Zerstäuber mit Wasser geben und im Büro versprühen.

Diese Vorarbeit ist entscheidend, damit die Maßnahmen zum Aufbau des Erfolgs wirken können. Wir gehen zusammen vor die Tür und schauen uns die Eingangssituation an. Besonders einladend ist der Empfang nicht, stellt auch Gunter fest. Er habe einfach noch keine Zeit gehabt, sich darum zu kümmern. Viel dürfe er sowieso nicht verändern, schließlich ist die Halle ja nur gemietet. Das stimmt schon, aber auch mit wenigen Mitteln lässt sich ein freundlicher Eingangsbereich gestalten. Im Moment ist da lediglich die graue Stahltür, daneben das Firmenschild. Zweckmäßiger und spartanischer geht es nicht. Ob die Kunden und Lieferanten hier gern aus- und eingehen? Hm.

Wir klären mit dem Vermieter, was geändert werden darf. Gegen Farbe hat er nichts einzuwenden, denn die lässt sich ja wieder überstreichen. Der Eingangsbereich wird also durch einen farbig aufgemalten Streifen betont, der rings um die Tür läuft – in einem kräftigen Mintgrün, von einem schmalen dunkelroten Streifen umrahmt, beides Farben, die auch im Firmenlogo vorkommen. Auch die Stahltür selbst erhält eine frische Lackierung, in einem helleren Mintgrün. Rechts und links des Eingangs werden Pflanzen aufgestellt. Wir suchen südländisch wirkende Pflanzen mit dunklen, ledrigen Blättern aus. Sämtliche Lorbeerarten eignen sich hervorragend, um Erfolg an sich zu ziehen, wurden doch die Sieger früher mit Lorbeer bekränzt. Die beiden Pflanzen wirken zum einen als Wächter, zum anderen als Tor. Gunter kann sich vorstellen, dass jeder, der hindurchtritt, energetisch gereinigt wird. Was er von draußen an negativen Energien und schlechten Absichten mit sich bringen wollte, ganz gleich, ob absichtlich oder unabsichtlich, wird hier abgestreift. Die Pflanzen verbreiten außerdem das Gefühl von Lebendigkeit und Lebensfreude und laden die Besucher, und natürlich auch Gunter und seine Mitarbeiter, mit dieser Kraft auf. Der Eingangsbereich hat plötzlich Flair!

In der Halle verlegen wir ein circa zwei Meter breites Teppichband, das direkt vom Eingang hin zum Büro verläuft. Der Weg, den Kunden und Lieferanten zu nehmen haben, ist somit eindeutig gekennzeichnet. Die Verwirrung, die bei Neuankömmlingen zuweilen entstanden war, ist damit aus der Welt geschafft.

Um dem geschäftlichen Erfolg auf die Sprünge zu helfen, schauen wir uns als Nächstes die Gestaltung des Büroraums genauer an. Der Schreibtisch steht viel zu sehr in die Ecke gedrängt. Das strahlt ja schon fast Ängstlichkeit aus. Scheut er sich vor Kundenbesuch? Natürlich nicht, meint Gunter, er habe den Tisch damals ohne nachzudenken so hingestellt. Ach ja, beim Vorgänger stand er auch dort, so erinnert er sich. Das ist kein Grund, zumal dieser Vorgänger ja kein Glück in seinen Geschäften bewiesen hat. Wir rücken den Schreibtisch in die Mitte. Dieser Platz im Raum hat etwas Besonderes. Gunter fragt sich, warum er nicht früher drauf gekommen ist. Er sitzt hier nicht einfach am Tisch, er residiert plötzlich wie ein König. Es ist der beste Platz des ganzen Raums.

Auf seinen Tisch stellt Gunter eine rote Pyramide. Beides, die Pyramidenform und die rote Farbe, stehen in besonderem Maße als Zeichen für Feuer, Tatkraft und Erfolg. Trotz der auffallenden Form und Farbe ist die eigentliche Bedeutung der Pyramide nicht für jedermann ersichtlich – Uneingeweihte sehen darin lediglich einen Brief- und Zettelbeschwerer. Das ist Gunter gerade recht.

Gegenüber der Tür ist hoch an der Wand ein Fensterband eingebracht. Da es so weit oben liegt, stört es den Energiefluss zwar nicht komplett, lenkt aber doch noch zu viel Aufmerksamkeit auf sich. Die Energie, die hier wortwörtlich zum Fenster hinausgeworfen wird, würde im Raum dringender gebraucht. Um einen Blickfang zu schaffen, drapieren wir in lockerer Folge dekorative Bambusstangen vor der Wand und vermischen sie mit kräftig grünen Kletterpflanzen. Ein Arrangement, das ein gutes Gegengewicht zum Fensterband bildet. Es zieht den Blick auf sich und hält dadurch die Energie im Raum. Es reicht, dass Gunter um die hintergründige Bedeutung dieser Dekoration weiß.

Um den Erfolg anzukurbeln, braucht es aber noch etwas mehr. Schön wäre eine Foto-Collage, die an der Wand hinter dem Schreibtisch hängen könnte. Gunter wird seine Leute bei der Arbeit fotografieren, auch Fotos mit Lieferanten machen, dazu seine Produkte zeigen. Diese Collage soll ausstrahlen: „Gemeinsam sind wir stark, gemeinsam schaffen wir es, gemeinsam haben wir Erfolg!" Um diese Vorstellung zu verstärken, können diese oder ähnliche Erfolgsslogans durchaus auch in die Collage eingebaut werden.

Seitlich von diesem Arbeitsplatz steht der Computertisch, an dem Gunter die Aufträge bearbeitet. Ein Spiegel wird über diesen Tisch an die Wand gehängt und vergrößert diesen Bereich optisch. Damit soll sinnbildlich auch das Auftragsvolumen vergrößert werden. Der Spiegel hat einen herrlich verzierten Holzrahmen, der weiß lackiert wurde. Auch die übrige Farbgestaltung ist dezent, vorwiegend in Weiß gehalten – bis auf die Bambusstäbe, die Grünpflanzen und die rote Pyramide, die dadurch aber umso stärker zur Geltung kommen.

Die weitere Entwicklung

Gunters Firma hat sich wieder gefangen. Er ist aus den roten Zahlen heraus, lebt aber immer noch mit stark schwankenden Umsätzen. Er hat das Gefühl, mit einem blauen Auge davongekommen zu sein. Trotzdem ist er nicht so recht heimisch geworden in diesen Räumen. Jedes Mal, wenn er den Vormieter trifft, was sich in der kleinen Stadt nicht vermeiden lässt, zieht es ihn wieder zu Boden, und er fühlt sich miserabel. Ein Trennungsritual wäre sinnvoll, denn Gunter scheint das Schicksal des Vormieters immer noch auf sich nehmen zu wollen.

Doch er hat sich inzwischen fest entschlossen, nach einer anderen Immobilie zu suchen. Das Geld für einen erneuten Umzug hat er inzwischen zusammengespart. Beim nächsten Objekt will er auf jeden Fall nach der Vorgeschichte fragen. Gunter ist überrascht über sich selbst. Er hatte sich nicht für so sensibel gehalten, Energien zu spüren und aufzunehmen. Im Grunde freut er sich darüber, selbst wenn ihm dieses Erlebnis einiges Durcheinander gebracht hat.

Wenn auch Sie mehr Erfolg brauchen

Kramen Sie in Ihren Erinnerungen: Wann hat es angefangen, dass Ihr Erfolg nachgelassen hat? Was wurde damals noch geändert? Sind Sie umgezogen? Hatten Sie ein
Problem in einem anderen Lebensbereich? Oder wollten
Sie einem Freund nicht wehtun? Gerade das kommt viel
häufiger vor, als man glaubt. Da trudelt ein guter Freund
in die Arbeitslosigkeit, und man selbst will nun auch keinen Erfolg mehr haben, damit er nicht alleine ist in seinem
Schicksal und sein Los nicht gar so schwer nimmt. Natürlich laufen diese Mechanismen nicht bewusst ab, aber
sensible Menschen sind dafür unglaublich anfällig. In der
irrigen Meinung, sie würden dem anderen sein Schicksal
erleichtern, wenn sie Ähnliches auf sich nehmen. Vielleicht
ist der Zweck tatsächlich erfüllt, und der andere fühlt sich
ein bisschen getröstet, doch arbeitslos ist er immer noch.
Im Grunde hat man ihm also nicht geholfen. Von solchen
Verstrickungen gilt es sich zu befreien, gleich, ob es sich
um Plätze oder Menschen handelt, mit denen man sich
unbewusst verbunden hat. Ein Reinigungsritual ist deshalb immer sinnvoll, für sich selbst und für den eigenen
Arbeitsplatz.

Um den Erfolg in der Arbeit zu fördern und mehr Anerkennung zu gewinnen, können auch Symbole im eigenen
Zuhause platziert werden, falls das direkt am Arbeitsplatz
nicht möglich ist. Das eigene Heim ist schließlich der Ort
unserer Kraft.

Anerkennung hat übrigens nicht zwangsläufig mit Geld zu tun. Natürlich ist eine gute Bezahlung auch eine Art, die Leistung anzuerkennen. Aber es gibt genug Menschen, die haben ausreichend Geld oder verdienen passabel, aber dennoch bekommen sie keine oder zu wenig Anerkennung. Damit fehlt ihnen der Motor zum Weitermachen. Der angemessene Verdienst alleine ist es eben nicht.

Überlegen Sie sich, was für Sie „Anerkennung" bedeutet. Von Ihrem Chef öfters ein Lob zu hören? Von Ihren Leistungen in der Zeitung zu lesen? Oder für einen gelungenen Abschluss ein Zertifikat zu bekommen?

Fragen Sie sich, ob Sie sich eigentlich selbst gut finden? Finden Sie Bereiche Ihres Lebens, in denen Sie sich selbst Anerkennung zollen. Zählen Sie für sich auf, was Sie alles gut machen, schreiben Sie es auf. Es kann eine schöne, lange Liste werden. Und selbst wenn nur einige wenige Punkte darauf stehen – in irgendeinem Bereich werden Sie gut sein, und das muss doch mal festgehalten werden! Wenn Sie nicht stolz sind auf Ihre Leistungen, wie wollen Sie es dann von anderen erwarten? Können Sie eigentlich andere loben? Üben Sie es, auch bei anderen Menschen zu sehen, was diese wirklich gut machen, und es ihnen zu sagen. Sie wissen ja, was man ausstrahlt, kehrt zu einem selbst zurück.

Wollen Sie Ihren Wunsch nach Erfolg und Anerkennung mit symbolischen Elementen verstärken, so wählen

Sie vorzugsweise rote Gegenstände. Rot ist die beste Farbe, um den Erfolg anzukurbeln – denn Rot fällt auf. Und wer erfolgreich sein und Anerkennung ernten will, darf sich nicht als graue Maus im Hintergrund verstecken. Rahmen Sie Ihre persönliche Erfolgsliste Rot ein, oder schreiben Sie sie gleich auf rotes Papier. Malen Sie sich die Verwirklichung Ihres Wunsches so fantasievoll wie möglich aus!

Weitere, Erfolg versprechende Symbole sind brennende Kerzen und spitze, nach oben weisende Formen. Denn der Erfolgreiche stellt sein Licht nicht unter den Scheffel. Er glänzt und leuchtet und gibt zu, dass er nach oben will. Stellen Sie sich Ihren Erfolg jedes Mal vor, wenn Sie die Kerzen anzünden. Stellen Sie sich vor, wie Sie gewürdigt und anerkannt werden und wie sehr Sie sich darüber freuen, wie Ihnen das runter geht wie Öl, wie Sie glatt um ein paar Zentimeter wachsen, wie Sie bis über beide Ohren strahlen und sich einfach toll finden. Übertreiben Sie ruhig.

Das alles wird Ihnen helfen, zu sich selbst mehr Zutrauen zu fassen und sich zuzugestehen, Erfolg haben zu dürfen. Sie werden nicht lange darauf warten müssen, bis auch die anderen auf Sie aufmerksam werden. Sie werden Anerkennung finden für Ihre Leistungen! Vergessen Sie aber auch dann nicht, weiterhin den Erfolg der anderen ebenfalls zu würdigen. Damit strahlen Sie eine gleichmäßige und harmonische Energie aus und halten sich automatisch Neider und Missgünstige vom Leib.

Uta möchte wieder tief schlafen und wünscht sich ein bisschen von allem

„Wenn es nur eine Wahrheit gäbe, könnte man nicht hundert Bilder zum gleichen Thema malen."

(Pablo Picasso)

Die Geschichte

Uta ist achtundzwanzig Jahre alt und vor kurzem in eine kleine Wohnung gezogen. Vorher teilte sie sich eine große Wohnung mit zwei Freundinnen, doch die Wohngemeinschaft war die ganzen Jahre über etwas anfällig. Nun hat Uta das Weite gesucht, rechtzeitig, bevor die Risse in der Freundschaft in einem großen Streit endeten.

Sie genießt den Freiraum, den ihr die eigene Bleibe bietet. Sie hat Arbeit, einen Freund und ist mit ihrem Leben ziemlich zufrieden. Trotzdem sind viele kleine Wünsche offen. Ihre Partnerschaft hätte sie gerne enger, sie denkt an Heirat und Familiengründung. Auch in ihrer Arbeit würde sie sich über mehr Anerkennung freuen. Eine zusätzliche Geldquelle wäre super, denn was Uta monatlich zur Verfügung hat, ist immer zu schnell ausgegeben. Mit den Eltern liegt sie immer wieder im Clinch. Und die Freunde? Ständig hängt es an Uta, Treffen zu organisieren, von den anderen kommt wenig. Es seien lauter kleine Baustellen, meint Uta, keine wirklich großen Probleme. Doch was sie vor allem stört ist, dass sie nicht durchschlafen kann, seit sie umgezogen ist.

Die Lösung

Uta ist vernünftig. Sie macht sich nicht wichtiger als sie ist und will keine Elefanten aus Mücken machen. Daher stellt sie ihre „Probleme" lieber als Kleinigkeiten dar. Zusammengenommen kommt aber doch eine Beschwernis dabei heraus, die zu bewältigen eine ganz schöne Aufgabe darstellt. Das anzuerkennen ist bereits eine Erleichterung für Uta. Denn das ständige Herunterspielen all der Sorgen ist auch ganz schön anstrengend. Vielleicht der erste Schritt, die Schlafprobleme zu beseitigen!

Den Schlafplatz schauen wir uns später genauer an. Erst einmal analysieren wir die übrigen Problematiken. Da sich kein Lebensbereich in den Vordergrund drängt, sondern es bei allen ein bisschen hakt, nehmen wir das Zentrum der Wohnung als wichtigsten Ort. Das ist für Uta einfacher und übersichtlicher, als in mehreren Bereichen anzufangen. Sie hat es gerne praktisch.

Die Wohnungsmitte befindet sich in Utas Wohnzimmer. Mit dem Zentrum der Wohnung spiegelt sich das körperliche Zentrum wider: Wer in seiner Mitte ist, ist stabil und ausgeglichen. Wer mit sich selbst gut klarkommt, dem ist es auch möglich, alle anderen Bereiche in Ordnung zu bringen. Das leuchtet Uta ein. Wir suchen nach einer Symbolik, die beides ausdrückt, zum einen ihre grundsätzliche Zufriedenheit mit ihrem Leben zeigt, zum anderen der Erfüllung ihrer Wünsche auf die Sprünge hilft.

Uta befestigt ein Mobile an der Decke und legt einen großen Stein darunter auf den Boden. Das Mobile dient als Symbol dafür, dass Uta etwas in Bewegung bringen möchte, dass sie die vielen kleinen Ecken und Kanten rund haben, ihrem Leben einen guten Schliff geben möchte. Der Stein hingegen zeigt, die Basis stimmt, die möchte sie nicht verändern.

Neben all ihren logischen und praktischen Eigenschaften ist Uta auch ein überaus kreativer Mensch. Mit der Ordnung dagegen nimmt sie es nicht so genau. Dennoch will sie in Zukunft darauf achten, die Wohnung nicht verkommen zu lassen und keine Altlasten anzusammeln. Sie nimmt sich zwei Wochenenden Zeit, ihre gesamten Schränke und Kommoden auszusortieren. Überzählige Kleider und Schuhe will sie bei Hilfsorganisationen abgeben, Bücher aus ihrer Ausbildung im Internet versteigern und unliebsame Geschenke und Frustkäufe entsorgen. Das Zuviel an Kosmetika wird strikt geordnet und aufgebraucht, bevor Neues angeschafft wird. Die Kisten mit Fotos werden ebenfalls sortiert. Niemand zwingt sie, Bilder aufzubewahren, die ihr nicht gefallen, die sie an unschöne Erlebnisse erinnern, an Zeiten, in denen sie unglücklich und traurig war. Die zunehmende Übersicht gefällt Uta nun doch. Mit „Ordnung" hat sie immer Langeweile und Spießigkeit verbunden. Dabei sind ihre Räume immer noch nicht wirklich aufgeräumt. Das schadet auch gar nicht. Natürlich darf ihr Zuhause bewohnt aussehen und gemütlich. Aber viele kleine Belastungen aus der Vergangenheit hat sie sich aus der Welt geschafft. Und das befreit wirklich!

Nun kommt Utas Kreativität zum Einsatz: Sie bastelt sich ein Gesteck aus getrockneten, schön geformten Zweigen, das auf ihrer Kommode im Wohnzimmer stehen darf. An diesen Zweigen werden Zettelchen mit Wünschen aufgehängt. Der Wunsch nach einer eigenen Familie ist ebenso dabei wie der Wunsch nach beruflicher Anerkennung oder ausgeglichenen Freundschaften. Es wird ein echter Wunschbaum daraus!

Uta lässt ihren Wunschbaum nach und nach wachsen. Sie schmückt die Zweige mit kleinen, bunt verpackten Schachteln, die aussehen wie Geschenke. Auch glitzernde Steinchen oder Geldstücke sind dabei. Die Minigeschenke werden mit glänzenden Bändern an den Zweigen befestigt. Die Geschenke symbolisieren die Erfüllung der Wünsche. Ist ein Wunsch erfüllt, wird der Zettel abgenommen.

Die Vorbereitungen haben Uta richtig beschwingt. Dennoch sind die Schlafprobleme damit nicht gewichen. Ihr Bett steht an einer guten Stelle im Raum. Es steht in einer geschützten Nische, von der aus sie Tür und Fenster im Blick hat, ohne davon gestört zu werden. Vor dem Fenster allerdings baut sich ein Hochhaus auf. Uta sagt, das sei ihr egal, sie ziehe doch sowieso die Vorhänge zu. Dennoch wirkt der riesige, graue Klotz bedrückend, wenn man ihn von ihrem Fenster aus betrachtet. Und was so in nächtlichen Träumen vor sich geht, in denen unser Unter-

146

bewusstsein aktiv ist und der Verstand schläft, das wissen wir nicht.

Vorsichtshalber bauen wir ein von Uta gebasteltes Schutzschild vor dem Fenster auf. Es ist ein nach außen gewölbter Spiegel, der mit der Wölbung zum Fenster aufgestellt wird. Konvexe Spiegel haben die freundliche Eigenschaft, Energiepfeile, die auf sie treffen, in kleine, unwirksame Teilchen zu zerstreuen. Die Rückseite dieses Spiegels bildet eine gerade Holzplatte, die Uta mit Schutzsymbolen aus allen Kulturen bemalt. Das Ganze ähnelt tatsächlich den Schutzschilden der alten Ritter. Für Uta eine schöne Vorstellung.

Auf ihr Nachtkästchen stellt Uta eine kleine Engelsfigur. Diese soll ihren Schutzengel darstellen, der von der geistigen Seite über sie wacht. Denn wir können ja nicht alles im Griff haben, im Schlaf schon gar nicht. Die Engelsfigur stammt übrigens aus Utas Kindertagen, an die sie eine schöne Erinnerung hat.

Die Wände des Schlafraums streicht Uta in einem zarten, recht warmen Blauton, der fast schon ins Violett geht. Die hellen Holzmöbel passen gut dazu. Außerdem färbt sie ihre Bettwäsche in Blau- und Violetttönen. Diese Farben vermitteln die größtmögliche Ruhe.

Dann besorgt sich Uta ein Leinensäckchen, das mit beruhigenden Kräutern gefüllt ist. Das steckt sie neben ihr

Kopfkissen und kann nun jeden Abend beim Einschlafen Düfte einatmen, die von Ruhe, Geborgenheit und Harmonie erzählen.

Für das Kissen selbst wird es allerdings höchste Zeit, ausgetauscht zu werden. Ein neues Kopfkissen ist ein Zeichen dafür, dass Uta jetzt ihre Lebenssituation ändert und die alten Träume und Sorgen, die sie Nacht für Nacht gewälzt hat, nicht mehr mit sich schleppen will.

Die weitere Entwicklung

Uta mochte ihre Wohnung von Anfang an, das gute Gefühl hat sich inzwischen noch gesteigert. Sie fühlt sich pudelwohl in ihrem Zuhause. Schon allein die vielerlei Aktivitäten, um ihr Umfeld aufzubauen, haben ihr gutgetan. Sie spürt, dass sie selbst verantwortlich ist für ihr Wohlbefinden und sie eine Menge dazu tun kann, ob es ihr gut geht oder nicht. Einige der kleinen Problembereiche haben sich bereits nach kurzer Zeit verbessert. Auch die Schlafstörungen sind deutlich zurückgegangen. Wenn Uta einen sehr stressigen Tag hatte, kann sie immer noch nicht gut schlafen. In den meisten Nächten aber schläft sie inzwischen wie ein Murmeltier.

Wenn auch Sie wieder besser schlafen wollen

Ein gesunder Schlaf ist Bedingung, um auf Dauer leistungsfähig und gesund zu sein. Ist Ihr Schlaf ständig gestört, sollten Sie dringend etwas unternehmen, um nicht krank zu werden. Untersuchen Sie, was die Ursache Ihrer Schlafstörungen ist. Nehmen Sie Ihre Sorgen mit zu Bett? Dann machen Sie vor dem Einschlafen eine kleine Meditationsübung, die Ihnen hilft abzuschalten. Oder sind es die Bilder aus dem Fernsehen, die Sie verfolgen? Dann gönnen Sie sich zwischen dem letzten Film und dem Zubettgehen eine kleine Pause, in der Sie sich bewusst mit schönen, entspannenden Dingen beschäftigen. Betrachten Sie eine Blume, schauen Sie einer Kerze zu oder einem Kaminfeuer, oder richten Sie Ihre Aufmerksamkeit auf ein schönes Landschaftsbild. Auch ruhige Musik zu hören, hilft ungemein. Es muss gar nicht lange dauern, fünf bis zehn Minuten Entspannung genügen schon. Bauen Sie solche Handlungen wie ein kleines Ritual ein zwischen Ihrem Tagesgeschäft und der Nacht.

Die Wahl Ihres Bettes, Ihrer Matratze und Ihres Kopfkissens sollten Sie ebenfalls überprüfen. Vielleicht schlafen Sie zu weich oder zu hart, bietet das Kissen keine gute Unterstützung für Ihren Nacken, ist die Decke zu dick oder zu dünn und der Raum zu kühl oder überheizt.

Ein schlechter, unruhiger Schlaf kann vielerlei Ursachen haben! Auch den Schlafplatz nach Störstellen wie Wasseradern oder Elektrostrahlen untersuchen zu lassen, ist hilfreich. Eine Umstellung, in der solche Störzonen berücksichtigt werden, kann wahre Wunder wirken. Schon allein den Wecker aus dem Kopfbereich zu entfernen, lässt viele Menschen schlagartig ruhiger schlafen.

Das Bett sollte an einer geschützten Stelle im Raum stehen. Nicht für jeden Menschen ist es günstig, mitten im Raum zu schlafen. Gerade dieser Platz ist in den meisten Wohnungen aber für ein Doppelbett vorgesehen. Gerade mal das Kopfteil steht an der Wand. Manchen reicht das aber nicht, sie sollten auch noch eine Bettseite an der Wand haben oder sich komplett in eine Nische legen. Probieren Sie aus, wo Sie sich wohlfühlen. Setzen oder legen Sie sich mal an die eine, mal an die andere Stelle im Raum, so lange, bis Sie eine Stelle gefunden haben, die Sie entspannt. Manchmal muss man aber auch Kompromisse schließen. Da gibt es einen Platz, der Ihnen zusagt, aber er ist vom Fenster her einsehbar. Dann nehmen Sie den Platz trotzdem, schaffen sich aber einen guten Sichtschutz zwischen Bett und Fenster.

Schauen Sie sich auch die Gestaltung Ihres Schlafraums an. Vielleicht ist er einfach zu unruhig? Stimmt die Wandfarbe? Was ist mit der Bettwäsche? Weist sie kreischende Muster auf oder vermittelt sie Ruhe? Regale und offen stehende Schranktüren können sensible Menschen im Schlaf nervös machen. Schließen Sie die Türen und verhängen Sie offene Regale mit Tüchern oder Rollos. Schauen Sie sich die Bilder an, die Sie aufgehängt haben. Strahlen die wirklich Frieden aus? Wenn nicht, wechseln Sie sie aus.

Sparen Sie keine Mühe, wenn es um Ihren Schlafplatz geht! Denn dort verbringen Sie eine lange Zeit Ihres Lebens, eine sehr wichtige Zeit. Im Schlaf lassen sich die Erlebnisse des Tages verarbeiten. Nicht wenige Menschen haben im Schlaf schon Lösungen für ihre Probleme gefunden. Doch dazu muss man erst einmal schlafen, und zwar tief und fest.

Caroline will ihre Kinder fördern

„Vielleicht gibt es schönere Zeiten – aber diese ist die unsere."

(Jean-Paul Sartre)

Die Geschichte

Caroline, eine lebenslustige Frau Anfang Dreißig, ist verheiratet und hat zwei Söhne im Alter von acht und zehn Jahren. Der jüngere, Benjamin, ist ein ruhiger und verspielter Charakter, der ältere, Maximilian, der Forschere von beiden. Vor einem halben Jahr ist die Familie in das eigene Haus eingezogen. Es gefällt allen sehr gut in der neuen Umgebung. Alle freuen sich auf den Garten, der gerade angelegt wird. Das einzige Problem, das momentan herrscht, ist das auffallende Nachlassen der schulischen Leistungen der Kinder. Benjamin verzettelt sich oft, verliert sich in Tagträumen und Spielereien. Er braucht oft Stunden, bis er seine Hausaufgaben erledigt hat, weil er sich unentwegt ablenken lässt. Maximilian ist sehr unruhig und zappelig. Er hat eine schnelle Auffassungsgabe und lernt eigentlich sehr leicht, macht seine Hausaufgaben aber oft viel zu flüchtig. Die Oberflächlichkeit ist seine hauptsächliche Fehlerquelle. Diese Charakteranlagen waren in der alten Wohnung natürlich auch schon da, aber seit dem Umzug scheinen sich alle negativen Gesichtspunkte dieser Eigenschaften stärker auszuprägen. Die guten Seiten daran, die Sensibilität und Fantasie von Benjamin sowie die

Wendigkeit und Aufgeschlossenheit vor Maximilian, treten dagegen in den Hintergrund. Das soll sich wieder ändern, wünscht sich Caroline. Ihre Söhne ärgert es im Grunde auch, dass sie nun plötzlich zu den Schlusslichtern ihrer Klasse zählen. Es drückt auf ihr Selbstwertgefühl. Die Reaktionen darauf sind entsprechend ihrer Anlage: Benjamin zieht sich noch mehr zurück, Maximilian wird aggressiv.

Die Lösung

Wir schauen uns die Kinderzimmer der beiden Jungs an. Sie liegen nebeneinander im ersten Stock. Geht man die Treppe im Haus nach oben, liegt links das Elternschlafzimmer mit Bad, gegenüber der Treppe ist ein kleineres Bad für die Söhne. Wendet man sich von der Treppe aus nach rechts, liegen hier, etwas versetzt, die beiden Kinderzimmer. Zuerst kommt das Zimmer von Benjamin, im hinteren Bereich das Zimmer von Maximilian. Von der Energiezufuhr her wird es etwas dünn da hinten in der Ecke. Wir brauchen etwas, das die Aufmerksamkeit auf sich zieht und es attraktiv macht, in diesen Flurbereich zu gehen, der wie eine Sackgasse wirkt. Dann müsste Maximilian nicht mehr durch sein Verhalten auf sich aufmerksam machen, um überhaupt einen Funken Energie auf sich zu ziehen, sondern bekäme automatisch genug Kraft. Das würde ihn entspannen.

Maximilian hat eine Idee. Letztes Jahr im Werkunterricht haben sie einen riesigen Tintenfisch gebastelt, zusammengesetzt aus verschiedenen Stoffen, mit Watte und Schaumstoffwürfeln gefüllt. Sein Fisch hat vorwiegend Orange- und Rottöne. Er sieht auffallend und lustig aus. Aber einen guten Platz hat Maximilian dafür noch nicht gefunden. In seinem Zimmer stört er irgendwie, daher liegt er oben auf dem Schrank. Das fand Maximilian schon immer schade. Der könnte doch neben seinem Zimmer in der Ecke sitzen? Dort würde der Tintenfisch allerdings nicht genug auffallen. Wir entscheiden uns gemeinsam, den Riesentintenfisch oben auf dem Treppengeländer zu befestigen, gleich gegenüber seiner Zimmertür. So sieht man ihn schon von unten und schaut gleich beim Hinaufgehen interessiert in Richtung dieses Flurbereichs. Außerdem wirkt sein Tintenfisch zugleich als eine Art Wächter, der aufpasst, dass kein ungebetener Gast sein Zimmer betritt. Ein bisschen gefährlich sieht er schließlich aus.

Nun will natürlich auch Benjamin einen Wächter. Dazu schauen wir uns aber erst einmal die Zimmer von innen an. Die beiden Räume haben jeweils ein großes Fenster, das bis zum Boden verglast ist, mit angrenzender Balkontür. Die Zimmer führen auf einen gemeinsamen Balkon, der über die ganze Hausfront reicht. Der Blick fällt auf den Garten.

Benjamins Zimmer ist über und über mit Spielsachen gefüllt. Die Möbel sind aus hellem Holz, die Möbeltüren aber in kräftigen Farben lackiert. Auch die Wände sind farbig gestrichen, ziemlich hell allerdings. Insgesamt wirkt alles kunterbunt und lustig. Die Vorstellung aber, sich hier auf Hausaufgaben konzentrieren zu müssen, fällt schwer.

Ein Kinderzimmer vereinigt so viele, völlig unterschiedliche Bereiche auf engem Raum. Man soll sich hier aufs Lernen konzentrieren können, in Ruhe schlafen und träumen, aber auch fröhlich spielen, am besten soll auch noch Platz für ein paar Freunde sein. Erwachsene haben für diesen Bereich ein Arbeitszimmer, ein Schlafzimmer, ein Wohnzimmer… Diesen verschiedenen Anforderungen in einem Raum gerecht zu werden, ist nicht einfach. In diesem Fall wurde Benjamins Verspieltheit nachgegeben, die ganze Gestaltung unterstützt diese Wesensart. Auf der Strecke blieb dafür die Fähigkeit, sich zu konzentrieren, zu lernen und zu arbeiten. Das Absacken in der Schule jedoch macht Benjamin inzwischen ganz schön zu schaffen. Er möchte nicht zu den Letzten in der Klasse gehören, war er doch früher ein guter Schüler.

Die Familie hat vorher in einer Wohnung gewohnt, in der sich die Jungs ein Zimmer teilten. Dort wurde nur geschlafen und gespielt. Für Schreibtische war einfach kein Platz mehr, die Hausaufgaben wurden daher am Esstisch gemacht. Das war im Grunde zwar auch kein besonders ruhiger Platz, aber immerhin wurden die Kinder dort nicht von Spielsachen abgelenkt. Außerdem waren sie einigermaßen unter der Aufsicht ihrer Mutter. Es war aber der gemeinsame Wunsch, diese Aufteilung zu ändern. Die Eltern meinten, es mache die Kinder selbstständiger und erwachsener, wenn sie in ihrem Zimmer ihre Aufgaben erledigten. Damit haben sie sicherlich Recht. Es müssen nur noch die Voraussetzungen geschaffen werden, dass sich die Kinder auch konzentrieren können.

Benjamin ist damit einverstanden, dass seine Wände nochmals umgestrichen werden. Sie sollen alle in hellem Sonnenblumengelb gestrichen werden. Dieser Farbton ist an der Wand hinter seinem Bett und gefällt ihm am besten. Bisher war eine Wand in diesem Gelb, zwei Wände Hellgrün und eine Wand Fliederfarben. Der Farbton wird allerdings noch einmal zwei Abstufungen heller, als bisher gewählt. Der warme Gelbton verbreitet Geborgenheit, was dem zarten Wesen von Benjamin guttut. Gelb ist außerdem die Farbe des Verstandes, sie fördert das klare Denken. Die Decke bleibt weiß.

Die Kinderzimmermöbel gibt es als Baukastensystem. Die knallbunten Türen des Kleiderschranks sollen ausgetauscht werden gegen naturfarbene Holztüren. Vier kleine, quadratische Türen sind ebenfalls in kräftigen Farben lackiert, diese bleiben erst einmal so erhalten. Benjamin kann ein wenig Antriebskraft schon gebrauchen. Es darf eben nur nicht zu viel werden. Wir stellen den Schreibtisch so, dass er von hier aus seinen bunten Schrank nicht im Blick hat. Er schaut nun geradeaus auf eine freie Wandfläche, seitlich ist das Fenster. Auf der ziemlich breiten Fensterbank liegen einige Steine und Muscheln, die er beim Spielen und im Urlaub gesammelt hat. Auch Edelsteine sind darunter, die ihm

seine Tante mal geschenkt hat, eine begeisterte Mineralo-
gin. Die Steine dürfen auf der Fensterbank liegen bleiben,
denn sie vermitteln Kraft und Konzentration. Allerdings werden alle gewaschen und sortiert. Es gibt nun einen Kreis mit
Feldsteinen, eine Schlange aus Muscheln und eine Spirale
aus den kleinen Edelsteinen. Auch ein Türkis ist dabei. Dieser wird in die Mitte dieser Spirale gelegt. Ein Türkis kann
müde und gleichgültige Menschen zu neuen Taten antrei-
ben und ihre Entwicklung in schwierigen Lebensphasen unterstützen. Ideal für Benjamin!

Außerdem wird eine Grünlilie dazugestellt, um das Feld
der Mineralien aufzulockern und die Denkstrukturen Benjamins zu beleben. Grünlilien helfen nämlich dabei, Ideen
zu finden, wenn man nicht weiter weiß. Außerdem sind sie
unkomplizierte und pflegeleichte Pflanzen, die noch dazu
die wertvolle Fähigkeit haben, Schadstoffe umwandeln.
Zwar schläft Benjamin auch in diesem Raum, doch das
Zimmer ist groß genug, so dass es nachts sicher keinen
Streit um Sauerstoff gibt. Benjamin findet die Aussicht toll,
dass er sich selbst um seine Grünlilie kümmern darf. Die
Pflanze wird in einen weißen Übertopf gestellt. Auch das
Faltrollo am Fenster ist weiß. In diesem Raum sind nun
schon ausreichend Farben vorhanden, und gerade neben
dem Arbeitstisch ist ein Feld der Ruhe sehr wichtig.

Jetzt will Benjamin aber unbedingt auch einen Wächter
haben. Vor seinem Zimmer ist zu wenig Platz, daher soll
der Wächter innen neben der Tür aufgestellt werden. Dort

wird in Höhe des Lichtschalters eine kleine Konsole befestigt. Benjamin kann nun daraufstellen, was ihm seiner Meinung nach gerade den besten Schutz bringt. Er überlegt: Als kleines Kind hat er eine dicke Engelsfigur geschenkt bekommen. Die mag er gerne, und die wäre auch gut geeignet. Doch er schwankt, ob er nicht doch lieber den „Superman" aus seiner Plastikfigurensammlung nehmen soll. Oder vielleicht einen äußerst gefährlich aussehenden Außerirdischen aus Metall? Auf seine Freunde würden die wohl mehr Eindruck machen, meint er. Dann soll er den Engel eben in eine Nische an seinem Bett platzieren, raten wir ihm. Zum Einschlafen ist dieser sowieso der bessere Begleiter. Was Engel angeht, ist seine Mutter Caroline bestens bewandert. Auch sie kennt den bedeutsamen Unterschied, dass ein Engel Bitten und Wünsche erfüllen kann, ein „Superman" nicht. Sie erinnert Benjamin daran; er will das unbedingt am selben Abend ausprobieren.

Im Zimmer von Maximilian finden wir dieselben Grundelemente der Einrichtung vor. Auch hier gibt es das Regalsystem aus Naturholz mit den Türen in kräftigen Farben. Maximilian würde sich gerne von den bunten Türen trennen, er findet sie schon lange zu kindlich für sein Alter. Am liebsten hätte er ein komplett neues Zimmer. Das können sich seine Eltern im Moment aber nicht leisten. Sie haben das Kinderzimmer aus der alten Wohnung genommen, auf die beiden Räume aufgeteilt und nur mit einigen Regalelementen ergänzt. Der Vorschlag, nur die zwei blauen Türen zu belassen, die gelben, roten und grünen aber gegen schwarze Türen auszutauschen, gefällt Maximilian allerdings sehr gut. Blau und schwarz sieht „cool" aus, findet er. Die verbleibenden Flächen in hellem Holz wirken immer noch freundlich genug, meinen die Eltern. Außerdem fördern die beiden noch verbliebenen Farbtöne, sowohl Blau als auch Schwarz, die Konzentration. So sind alle zufrieden.

Maximilians Arbeitstisch steht an einer sehr guten Stelle im Raum. Seitlich das Fenster, vor ihm in genügend Abstand eine freie Wandfläche. Doch hinter seinem Stuhl steht ein offenes Regal, in dem Ordnung noch ein Fremdwort ist. Für Maximilian sowieso gerade ein schwieriges Thema. Das Regal ist überfüllt mit einem Durcheinander von Spielzeug und Schulsachen. Zwar fällt sein Blick nicht darauf, wenn er am Schreibtisch sitzt, aber die Wirkung dieses Regals ist trotzdem ungeheuer unruhig und irritierend. Wenn man so nah mit dem Rücken an einer solch chaotischen Energiequelle sitzt, muss man nicht besonders sensibel sein, um davon beeinflusst zu werden. Das passiert ganz automatisch und lässt sich nicht steuern. Eine Tür davor anzubringen ist nicht möglich, da hierfür einfach der Platz fehlt. Caroline will ihrem Sohn einen Vorhang nähen. Sie wählt einen festen, blauen Stoff, der ohne großen Faltenwurf ziemlich gerade vor dem offenen Regal hängt. Schlagartig herrscht Ruhe, und Maximilian hat den Rücken frei.

Ein Problem ist noch, dass Maximilian fast den ganzen Raum im Blick hat. Normalerweise zwar eine günstige Position, doch für einen Jungen wie ihn, der sich so leicht ablenken lässt, sprudeln die Anregungen aus allen Ecken – was gibt es doch so viel Schönes zu tun, nur schnell die Hausaufgaben erledigt, und auf zu den wichtigen Dingen des Lebens... Das heißt, Maximilian braucht einen Blickfang. Etwas, das er von seinem Arbeitsplatz aus sieht, das ihm hilft, sich zu konzentrieren, und das stärker ist als alles herumliegende Spielzeug. An der Wand, die seinem Arbeitstisch gegenüber liegt, wird ein großes Poster aufgehängt. Es stellt eine blaue Fläche mit dickem schwarzen Punkt in der Mitte dar. Ein einfaches Symbol, das aber sehr stark in seiner Wirkung ist. Es passt zu den Farben des Zimmers, und Maximilian gefällt es. Die bunten Windfahnen, die Caroline zur Deko am Balkon befestigt hat, werden umgehängt. Sie kommen in der Ecke des Balkons auch gut zur Wirkung, stören aber hier nicht das Blickfeld von Maximilian.

Auf dem Schreibtisch von Maximilian soll außerdem ein Stück Jade liegen. Dieser Stein gleicht das Gefühlsleben aus und fördert den Bezug zur Natur. Gerade Letzteres ist für ihn wichtig, da er inzwischen fast täglich seinen Wunsch nach einem eigenen Computer äußert.

Nun erhält sein Zimmer noch einen einheitlichen Anstrich in sehr hellem Blaugrün. Es ist eine kühle, ausgleichende Farbe, die sein Temperament ins Gleichgewicht zu bringen vermag.

Die weitere Entwicklung

Maximilian gefällt am besten, dass sein Tintenfisch nun einen so schönen Platz bekommen hat. Jeder kann ihn bewundern! Auch mit den neuen Farben in seinem Zimmer ist er sehr zufrieden. Sie wirken sehr erwachsen, aber nicht so langweilig wie die Einrichtung der Erwachsenen, findet er. Benjamin freut sich, dass er nun gleich zwei Wächter bekommen hat, einen am Bett und einen an der Tür. Auch die neue Anordnung seiner Steine mag er. Natürlich darf und wird er auch mal neue Muster legen. Wichtig ist, dass er eine gewisse Ordnung und Struktur beibehält. Aber das will er, denn es gefällt ihm.

Beide Jungs haben in kürzester Zeit nach den vorgenommenen Veränderungen einen Entwicklungssprung gemacht. Ihre schulischen Leistungen haben sich wieder verbessert. Caroline achtet darauf, dass die Zeit ihrer Kinder nicht komplett verplant ist. Es soll jeden Tag genügend Freiraum geben, so dass sie einfach leben und spontan entscheiden können, was sie gerade spielen und unternehmen möchten.

Wenn auch Sie Ihre Kinder unterstützen möchten

Kinder haben ihren eigenen Kopf. Die meisten Eltern würden sich wohl gute Noten für ihre Kinder wünschen – doch das wird nur funktionieren, wenn die Kinder ebenfalls der Meinung sind, dies sei erstrebenswert. Sind sie bereits zu lange oder sogar von Anfang an in eine Bahn gerutscht, in der sie zu den Schlusslichtern der Klasse gehören, haben sie meist schon so viel Aggressivität und Abwehrhaltung aufgebaut, dass man sie daraus nur sehr behutsam befreien kann. In irgendeinem Bereich aber werden sie gut sein, sei es beim Sport, beim Malen oder auch im Umgang mit Computern. Es gilt, ihnen bewusst zu machen „Hey, ich kann ja was", damit sie anfangen können, an sich zu glauben und sich selbst auch Erfolge in anderen Bereichen zutrauen. So können sie langsam aus der Antihaltung herauskommen.

Eine Farbe oder Gestaltungsrichtlinie, die für alle Kinder günstig wäre, gibt es nicht. Genauso wenig lässt sich schließlich ein Design bei Erwachsenen finden, das alle favorisieren. Die Kinder zu beobachten und zu fragen ist sicherlich die beste Methode, um herauszufinden, was sie brauchen. Für kleinere Kinder ist ein harmonisches Umfeld sehr wichtig für ihre Entwicklung. So bunt und scheckig, wie viele Eltern und Kinderzimmerhersteller glauben, muss ein Kinderzimmer gar nicht sein. Im Gegenteil, die Reizüberflutung in unserer Zeit ist doch sowieso schon kaum auszuhalten. Wie soll ein sensibles Kind damit umgehen, ohne zum hyperaktiven Zappelphilipp zu werden? Also lieber weniger ins Zimmer packen, weniger Farben, weniger Dinge. Langweilig wird es schon nicht, dafür sorgen Ihre Kleinen ganz sicher. Gestalten Sie ein Zimmer für ein Kind so friedlich und ausgewogen wie möglich.

In der Pubertät dagegen suchen viele Jugendliche absichtlich nach Missklängen und Disharmonien. Sie wollen und müssen Grenzen finden, und die sind eben außerhalb der Mitte und der Harmonie. Seine Grenzen zu kennen gehört dazu, wenn man wirklich einmal erwachsen sein will.

Übrigens lieben fast alle Kinder Symbole, sie haben einen starken Bezug dazu und können meist spontan etwas anfangen mit Wächtern und Engeln. Eine Pflanze, dazu selbst gesammelte Steine, Muscheln, Rindenstücke oder Kiefernzapfen helfen, ihren Naturbezug zu stärken. Die Natur und der Bezug zur Geistigen Welt, zu schützenden Engeln etwa, kann ihnen auch in der schwierigen Übergangsphase der Pubertät helfen, sich nicht so alleine und ausgeliefert zu fühlen und mit den Füßen auf der Erde zu bleiben.

Peter möchte sich einen eigenen Raum schaffen

„Immer die wichtigste Stunde ist die gegenwärtige."
(Meister Ekkehart)

Die Geschichte

Familie und Beruf – zwei wichtige Eckpfeiler, die das Leben von Peter bestimmen. Darauf möchte er auch nicht verzichten. Seine Frau Anne und seine drei heranwachsenden Kinder gehören zu dem Wichtigsten, was ihm das Leben geschenkt hat. Den Erfolg in seinem Beruf hat er sich erarbeitet, und er freut sich auch darüber. Doch da ist eine große Unruhe in ihm. Manchmal fragt er sich, ob es damit wirklich getan ist, ob das alles ist. Solche Gedanken erschrecken ihn, denn er darf ja mehr als zufrieden sein, meint er, wenn er beispielsweise hört, was die Kollegen in der Kantine alles an Problemen erzählen.

Und trotzdem. Immer und immer wieder überfallen ihn diese Gedanken voller Unsicherheit, diese nagenden Zweifel, dieses bohrende Suchen. Eigentlich hat er dafür ja überhaupt keine Zeit, denn sein Tag ist ausgefüllt. Auch die Abende und Wochenende sind zum großen Teil schon verplant. Zwei Mal geht er zum Sport, einmal davon mit seinen Freunden, einmal mit seinen Kindern. Dann sind mal Freunde zu Besuch, oder sie selbst sind eingeladen oder haben sich in einer Kneipe verabredet. Auch Familienfeste mit den Großeltern gibt es immer wieder. Von außen betrachtet ein gelungenes Durchschnittsleben. Peter ist kein Abenteurer, Grenzerfahrungen überlässt er lieber anderen. Er hat sich selbst immer als überzeugten Realisten bezeichnet. Er glaubt vor allem das, was er sieht und anfassen kann.

Inzwischen aber ist er fünfzig Jahre alt geworden. Obwohl äußerlich zurzeit alles glatt läuft, gab es in seinem Leben so manchen Kampf. Seine Ehe war nahe am Zerbrechen, und in seiner Karriere musste er einen tiefen Sturz hinnehmen, bevor es vor einigen Jahren wieder steil bergauf ging. Es geschehen auch so manche Dinge, die er sich nicht erklären kann, trotz seiner analytischen Fähigkeiten, auf die er so stolz ist und die er als Wissenschaftler auch ausgezeichnet entwickelt hat. Da häuften sich beispielsweise im letzten Jahr die Unfälle. Beim Skifahren, beim Autofahren, beim Radfahren. Vorher jahrzehntelang nichts, und dann ein Schrecken nach dem anderen. Er hat selbst gesagt: „Das ist ja wie bei einem Gewitter, die Einschläge kommen näher." Das war zwar entgegen seiner Logik, aber dieses Gefühl drängte sich ihm unwillkürlich auf. „Fange ich jetzt an zu spinnen?", war seine nächste Idee.

Seine Frau Anne, übersinnlichen Erfahrungen längst nicht so abgeneigt wie Peter, lächelte nur dazu und schenkte ihm eine kleine Schutzengelfigur. Die fährt nun im Handschuhfach seines Autos mit Höchst unwissenschaftlich – aber beruhigend.

Kürzlich waren die drei Sprösslinge mit ihren Jugendgruppen verreist. Peter und seine Frau nutzten diesen Freiraum für ein paar Tage gemeinsamen Wellnessurlaub. Peter meinte zwar, das wäre nichts für ihn, aber seiner Frau zuliebe würde er mitfahren. Und außerdem sei er ja so gestresst, dass es ihm vielleicht doch nichts schaden könne.

Hat es auch nicht. In der gelassenen und heiteren Atmosphäre dieses Hotels fühlten sich die beiden schon nach ein paar Tagen wunderbar entspannt. Eine ideale Voraussetzung, um auch Dinge auszuprobieren, die sonst nicht in Frage kamen. Wie zum Beispiel schöne Massagen genießen und ins Dampfbad gehen. Oder einen Dreitageskurs in Autogenem Training mitmachen. Die sofort spürbare Wirkung faszinierte Peter. Die Kursleiterin bot am dritten Abend eine kleine Meditation an, als besonderen Abschluss zum normalen Trainingskurs. Peter und Anne machten mit, er war erst nicht ganz überzeugt, aber im Grunde hatten sie Zeit, die Frau war sympathisch, und mehr als nichts zu spüren konnte ja wohl nicht passieren. Die Bilder, die Peter dann aus seinem Inneren auftauchen sah, haben ihm eine neue Welt eröffnet.

Zurück in seinem Zuhause holte ihn aber sein mit Terminen angefülltes Leben sofort wieder ein. Eine Krankheit gab schließlich den Ausschlag. Peter sah ein, dass er unbedingt etwas ändern musste. Es war nur eine einfache Erkältung, aber die ließ sich so fies und schmerzhaft an, dass er sich zum Sterben elend fühlte.

Die Lösung

Peter weiß, dass es noch mehr Dinge zwischen Himmel und Erde gibt als das, was er bisher kennengelernt hat. Er ahnt es und streckt schon lange alle Fühler danach aus, selbst wenn ihm das erst kürzlich bewusst geworden ist. Am liebsten hätte er nun einen eigenen Raum für sich, in den er sich zurückziehen kann, Übungen in Autogenem Training und Meditation machen kann, ein wenig seinen Gedanken nachhängen, aber auch Bücher lesen, die sich mit dieser für ihn neuen Welt beschäftigen. Anne hat merkwürdigerweise ein ganzes Regal davon; das war ihm bislang nicht aufgefallen.

Nur: Im Grunde fehlt ihm die Zeit dazu. Und ein Zimmer gibt es auch nicht, das Peter für sich alleine benutzen könnte. Unzufrieden stellt er fest, dass dieses den Kindern sehr wohl gegönnt ist. Er musste sich selbst als Kind einen Raum mit seinem Bruder teilen und hat bis heute noch immer kein eigenes Zimmer.

Immerhin sind die Aussichten darauf gar nicht schlecht. Denn die älteste Tochter ist bereits vierundzwanzig Jahre alt und in wenigen Monaten mit ihrem Studium fertig. Sie fand es eigentlich immer ganz gemütlich zu Hause und hatte nicht unbedingt vor, sich gleich mit dem ersten schmalen Einkommen eine eigene Wohnung einzurichten. Aber sie hat versprochen, nochmals darüber nachzudenken. Ein bisschen gegängelt und beobachtet fühlt sie sich irgendwie schon von den Eltern. Vielleicht wäre es ja doch eine gute Idee auszuziehen? Vielleicht mit ihrer Freundin zusammen? Das könnte doch ganz lustig sein...

Peter tut alles, um seiner Tochter die Vorstellung schmackhaft zu machen. Doch auch die paar Monate will er nicht mehr so weitermachen wie bisher. Er braucht eine Zwischenlösung.

Wir schauen uns in der großzügig geschnittenen Wohnung von Peter und seiner Familie um. Neben Nutzräumen wie Küche und Bad gibt es die drei Kinderzimmer, ein großes Wohn-/Esszimmer sowie den Schlafraum der Eltern mit angrenzendem begehbaren Kleiderschrank. Dort wäre Peter zwar ungestört, aber im „Schrank" zu meditieren, das will er nun wirklich nicht. Das Schlafzimmer soll außerdem nicht geheizt werden. Die beiden haben sich daran gewöhnt, in einem kühlen Raum zu schlafen, und finden das auch gut und gesund. Bleibt also wirklich nur der Wohn-/Essbereich. In der einen Raumhälfte dominiert ein massiver Esstisch mit Bank und vier Stühlen, die andere Raumhälfte wird von einem riesigen Ecksofa ausgefüllt, daneben stehen zwei Sessel. Zwei Schränke, ein Regal, eine Anrichte und zwei kleinere Kommoden ergänzen den Raum.

Nach den Gewohnheiten befragt, stellt sich heraus, dass die Familie recht häufig zum gemeinsamen Essen zusammenkommt. Die Sitzgruppe allerdings ist meistens verwaist. Peter und Anne schauen schon mal einen Film an, hören Musik oder lesen. Anne legt sich auch mittags gerne einmal ein paar Minuten aufs Sofa, wenn Zeit dazu bleibt. Aber die Kinder gehen abends ihren eigenen Beschäftigungen nach, treffen sich mit Freunden oder ziehen sich in ihre Zimmer zurück. Selbst wenn Freunde zu Besuch sind, ergibt es sich in neunzig Prozent der Fälle, dass man gemeinsam am Esstisch sitzt und nicht auf dem Sofa.

Würde da nicht ein viel kleineres Sofa reichen, eins, das nicht so voluminös um die Ecke geht? Mit nur einem Sessel dazu? Dann könnte man vor dem kleinen Fenster einen eigenen Bereich einrichten: Einen gemütlichen Sessel nur für Peter. Mit rundem Teppich darunter, um den Bereich besonders zu betonen. Wie ein magischer Kreis soll der Teppich wirken und alle störenden und fremden Einflüsse fernhalten. Peter ist sofort Feuer und Flamme. Das will er!

Anne ist plötzlich ein bisschen eifersüchtig – auch wenn es ihr fast peinlich ist, das zuzugeben. Solch ein eigener Ruheplatz, das wäre doch auch etwas für sie. Stimmt genau – aber jetzt ist Peter dran. Bei ihm ist der Wunsch dringender, und sie hat durch ihre Halbtagsjob deutlich mehr Freiraum, ihre kreativen und spirituellen Hobbys zu pflegen.

Ob es ein Schaukelstuhl, ein Lehnstuhl oder eine Designerliege werden soll, weiß Peter noch nicht. Zur Einrichtung des Wohnzimmers würde eine Designerliege besser passen. Aber eigentlich hat er sich schon als Kind einen gemütlichen Schaukelstuhl gewünscht. Das spricht doch eindeutig für diese Entscheidung. Sich einen alten Wunsch zu erfüllen, ist schließlich immer eine Wohltat für die Seele. Die Schaukelstühle aus Chrom und Leder gefallen Peter nicht, genau da hat er einen ganz eigenen Geschmack, es soll schon einer der klassischen Bugholzschaukler sein. Aber nachdem Anne und Peter ja sowieso ein neues Sofa brauchen, überlegen sie, ob es nicht an der Zeit wäre, ihren Stil zu ändern und sich insgesamt etwas gemütlicher einzurichten. Warum eigentlich nicht? Auch Anne findet, dass ihr eine etwas wärmere Atmosphäre guttun würde. Es wird beschlossen, die Wände nicht weiß zu lassen wie bisher, sondern in einen zarten Cremeton zu hüllen. Für die beiden ein riesengroßer Schritt, da sie jahrzehntelang Anhänger eines sehr reduzierten, kühlen Schwarz-Weiß-Stils waren.

Peter bekommt seinen Schaukelstuhl in braunem Bugholz. Er steht erst einmal davor wie ein kleiner Junge. So fühlt er sich auch gerade. Er sagt, das sei wie als Kind an einem besonders schönen Weihnachten. Ein blaues und ein fliederfarbenes Kissen machen den Schaukelstuhl gemütlich. Ein runder Teppich ist auch bald gefunden. Er hat als Hauptfarbe ein sattes Blau, dazu einen cremefarbenen Rand und einige Punkte. Blau und Lila sind Peter wichtig, weil er bei seinen Forschungen in diesem neuen Gebiet erfahren hat, dass dieses Farben sind, die die Meditation unterstützen. Wenn er etwas angeht, dann richtig. Und es ist so seine Art, Dinge auch auszuprobieren und nicht einfach nur deshalb abzulehnen, weil er sie sich nicht vorstellen kann. Weiteren Vorschlägen gegenüber ist er demzufolge offen. Aber zu viel auf einmal darf es auch nicht sein, sonst kippt das Ganze bei ihm, und dann äußert er schon einmal etwas genervt, ob das nicht doch alles Humbug sei...

Immerhin, sein Schaukelstuhl in der Ecke am kleinen Fenster fasziniert ihn. Er fragt sich, warum er sich den nicht schon vor Jahren gekauft hat. Tja. Alles hat seine Zeit. Eine Leseleuchte wird dazugestellt. Und eine Pflanze mit großen, breiten Blättern. Eine Zimmerlinde. Die ist sanft und freundlich, und dient als Sichtschutz zum übrigen Raum, ohne ihn zu krass abzuteilen.

Es ist nun eine harmonische, ruhige Ecke geworden. Was jetzt noch fehlt, ist ein Symbol, das für Peter die Brücke zur Geistigen Welt bildet, zu diesen unsichtbaren und ihm manchmal deshalb auch etwas unheimlichen Wesen. Mit religiösen Symbolen kann er sich nicht anfreunden, obwohl diese zweifellos geeignet wären. Schließlich finden wir etwas: das Bild eines Einhorns. Ein Einhorn, so ist Peter überzeugt, gibt es nicht. Und doch erzählen viele Sagen davon. Er hat bereits als Kind davon gehört. Seine Kinder ebenfalls, wenn auch in der moderneren Version: Sie waren von dem Disney-Film restlos begeistert. Irgendwie fasziniert ihn das Einhorn. Es hat so eine starke Symbolik von Liebe und Freundlichkeit, ist dazu so verletzlich.

Aber auch so „unnütz" im wirtschaftlichen Sinn. Eine tolle Mischung, findet Peter. Man kann es nur lieben. Es ist ein kleines, fantasievolles Bild, das in weichen Farbverläufen gemalt ist. Ein Einhorn, wie es aus dem Wald kommt. Wunderschön! Es regt sofort an zum Träumen.

Der Einstieg in die spirituelle Welt ist damit gefunden. Das Bild des Einhorns ist für Peter das Tor in diese andere Welt. Es wird neben das Fenster gehängt, so dass er es von seinem Schaukelstuhl aus sehen kann, ohne den Kopf zu drehen. Dann kann es losgehen mit Meditieren!

Wir machen aber noch etwas Zusätzliches. Es drängt sich auf, dass ein zweiter Bereich im Haus der Entwicklung der Spiritualität dienen soll, gerade weil auch Anne sich intensiv damit beschäftigt. Wo ist Platz dafür? Aha, im Badezimmer! Warum nicht? Neben der körperlichen Hygiene kann man sich auch gleich um die seelische kümmern. Und in der Badewanne liegend zu meditieren ist ein besonderes Ereignis. Das gefällt Anne ausgesprochen gut. Das könnte ja „ihr" persönlicher Meditationsplatz werden. Wenn die anderen auch mal baden dürfen, so meinen diese, warum nicht!

Der Bereich um die Wanne wird nun besonders stimmungsvoll gestaltet. Peter gefällt es, und Anne liebt das neue Arrangement mit den Spiegeln und Kerzen. Sind sie angezündet, spiegeln sie sich und wirken wie ein unendliches, wundervolles Lichtermeer. Zum Wegträumen! Weitere Symbole möchten Anne und Peter gar nicht. Für sie als Freunde puristischen Stylings ist dieses Kerzenarrangement schon mehr als genug.

Die weitere Entwicklung

Anne hat es sich zur Gewohnheit gemacht, einmal in der Woche ein Bad mit allem Drum und Dran zu nehmen. Diese abendliche Stunde, in der die Kerzen an der Badewanne brennen, nutzt zeitgleich auch Peter für seinen Rückzug. Die Kinder respektieren diese Zeit wie selbstverständlich. Anne hatte gedacht, das würde ein ständiges Daran-Erinnern werden. Aber die Kids haben wohl gespürt, wie wichtig diese Zeit für die Eltern ist.

Überraschenderweise findet Peter außer dieser einen Stunde noch weitaus mehr Zeit, sich auf seinen Platz am Schaukelstuhl zurückzuziehen, als er gedacht hatte. Auch findet er immer wieder mal Zeit für ein stimmungsvolles Bad. Ist sein Terminkalender vielleicht doch nicht so überfüllt? Oder hat er früher dieselbe Zeit eben vor dem Fernseher verbracht und sich nochmals die schechten Nachrichten angeschaut, die er morgens schon in der Zeitung gelesen hat? Darauf verzichtet er nun. Sich einmal am Tag zu informieren, reicht schließlich. Schon ist wieder eine halbe Stunde gewonnen. Und mehr Zeit braucht er auch nicht.

Es ist zwar nicht dasselbe, wie ganz alleine in einem Zimmer zu sein, aber im Grunde findet er es auch gar nicht so schlecht, doch am allgemeinen Geschehen, zumindest als Zaungast, beteiligt zu sein. Zum Lesen und Sinnieren ideal. Für eine richtige Meditation muss er allerdings immer warten, bis er völlig alleine ist. Sich inmitten des Familientrubels zu versenken, das gelingt Anfängern in dieser Kunst eher selten. Aber auch dafür findet sich Zeit: Anne geht abends mal mit ihren Freundinnen weg oder früher schlafen, die Kinder respektieren, dass Vater in der nächsten halben Stunde keine Störung möchte, auch kein gaaaaanz leises Tapsen durchs Wohnzimmer. Und schon klappt es. Und es wird mit jedem Mal besser und leichter.

Wenn auch Sie mehr Freiraum und Rückzug brauchen

In den meisten Fällen lässt es sich verwirklichen, selbst wenn man auf noch so engem Raum zusammenlebt. Dass jemand partout keine Zeit hat oder keinen Raum, das sind fast immer Ausreden, die entkräftet werden können. Vielleicht wird die Zeit einfach für andere Betätigungen verwendet, die man eben für wichtiger hält. Und der Raum wird für Repräsentationszwecke freigehalten oder mit Sachen gefüllt, die man zu brauchen glaubt. In jedem Zuhause gibt es eine Nische, in der man meditieren und sich mit der Geistigen Welt verbinden kann. Und in jedem Leben gibt es ein paar Minuten dafür.

Wer einmal für sich Raum und Zeit gefunden hat, wird das als ungeheure Befreiung erleben. Sich mit Symbolen zu stärken wie einem Schutzkreis, einem spirituellen Bild, einer Engelsfigur oder Ähnlichem, hilft anfangs ungemein und ist auch später eine schöne Tür zur anderen Welt. Auch wer seine geistigen und seelischen Kräfte stark entwickelt hat, ist doch noch immer ein Mensch und so mit den fünf Sinnen ausgestattet. Diese einzusetzen gibt immer ein schönes Gefühl der Verbundenheit mit dem Hier und Jetzt.

Wer schlecht abschalten kann, sollte sich ein kleines Ritual überlegen, das den Alltag klar von seiner Zeit des Rückzugs und der Meditation abgrenzt. Vielleicht möchten Sie ein Gebet sprechen? Oder einen Segen? Aber auch schon das bewusste Anzünden einer Kerze oder das Anreiben eine Klangschale kann Ihre „heilige Stunde" einläuten.

Was wirkt?

„Sicher ist, dass nichts sicher ist. Selbst das nicht."
(Joachim Ringelnatz)

Schaut man sich die Fallbeispiele an, ist es doch verblüffend, wie unglaublich stark und direkt die gewünschte Wirkung eingetreten ist. Auch bei den Menschen, die eher skeptisch zur Beratung kamen. Nicht wenige wollten später wissen: Was wirkt nun wirklich? Ist es tatsächlich der richtige Platz? Ist es der Edelstein? Oder doch die Pflanze?

Mit hundertprozentiger Sicherheit werden wir das wohl nie sagen können, weil wir ja nicht denselben Lebensabschnitt zwei Mal mit geänderten Voraussetzungen leben können. Das geht nun wirklich nur im Film.

Ein Großteil der Wirkung liegt sicher in der Aufmerksamkeit, die dem entsprechenden Lebensbereich oder der Person geschenkt wird. Worauf man sein liebevolles Augenmerk richtet, das wächst und gedeiht. Was man vernachlässigt, das verkümmert. Daher ist es auch wichtig, nicht zu viele Baustellen auf einmal zu eröffnen. Lieber ein Thema nach dem anderen angehen, damit man sich mit seiner ganzen Energie darauf konzentrieren kann. Wenn es ans Laufen gebracht wurde, das nächste. Wir haben ja ein Leben lang Zeit!

Die gerichtete Aufmerksamkeit ist also schon ein

Großteil der Miete. Doch das alleine ist es nicht. Erst die Kombination macht es! Das Wissen vom richtigen Ort ist eine alte Kunst, die man unbedingt ausprobieren sollte. In den Überlieferungen fast aller Völker lassen sich entsprechende Hinweise finden, auch bei unseren eigenen Ahnen. Die Wirkung verschiedener Steine, Farben, Pflanzen, Düfte und all der vielen Symbole sind ebenfalls alte Wissensgebiete, die in den letzten Jahrzehnten neu ausgegraben und weiter erforscht wurden. Wer mag, kann sich komplett von seiner eigenen Intuition leiten lassen. Es ist aber durchaus nützlich, die Welt nicht selbst neu erfinden zu wollen, sondern auf das bewährte Wissen der Ahnen zurückzugreifen. Denn bis man selbst die Erfahrung gemacht hat, dass Rot und Spitzen anregend wirken, Blau und Rundungen dagegen beruhigen, das dauert. Am besten, Sie kombinieren beides miteinander: das alte Wissen und Ihre eigene Intuition. Für Sie persönlich bringt das die besten Ergebnisse, die Sie sich wünschen können!

Was aber, so eine häufige Frage, was ist mit den Menschen, die von den Veränderungen nichts wissen? Denn nicht immer möchte ein Klient seine gesamte Familie einbeziehen. Vielleicht, weil er die Ablehnung fürchtet oder den Spott oder weil er sich selbst seiner Sache noch nicht ganz sicher ist. Wirken die Veränderungen nur auf diejenigen, die davon wissen? Die Antwort ist klar: Nein, die Veränderungen wirken auf alle. Die Familie – oder genauso ein Arbeitsteam, wenn man im Büro eine Umstellung vornimmt – kann man sich als Netz vorstellen. Wird an der einen Ecke des Netzes gezogen, gerät das gesamte System in Bewegung und verändert sich. Durch unsichtbare Fäden sind wir alle miteinander verbunden. Im Grunde alle Wesen, die auf Erden sind. Mit der Familie und den Menschen, die uns nahe stehen, ist die Verbindung stärker und die Wirkung einer Veränderung daher umso deutlicher spürbar. Wenn Sie, nur Sie allein, Ihre Geisteshaltung zu einem Thema ändern, haben Sie sofort eine andere Ausstrahlung. Diese nehmen andere unbewusst auf und reflektieren sie. Es ist also genau wie zuvor – aber jetzt kommt auch deren Antwort in geänderter Form.

Die Veränderungen im äußerlichen Bereich dienen ja vor allem als Unterstützung Ihrer inneren Haltung und als Verstärkung Ihrer Wünsche. Der eigentliche Motor, die tatsächliche Antriebskraft, liegt in Ihnen. Zwar wirken die Symbole auch für sich, doch die Macht, die wir ihnen durch unsere Absicht verleihen, ist immens.

Doch da wir Menschen aus Fleisch und Blut sind und keine Geistwesen, sind uns reine Gedankenformen oft viel zu abstrakt. Als körperliche Wesen fällt es uns eben deutlich leichter, auch etwas Anfassbares zur Verfügung zu haben. Nicht zu vergessen ist dabei die Macht der Gewohnheit – was auch für die Muster gilt, in denen wir zu denken, zu fühlen und zu handeln pflegen. Um diese schädlichen Muster zu durchbrechen und durch neue, positivere zu ersetzen, dienen die Symbole in der Außenwelt als eine ständige Erinnerung an unsere neue Absicht.

Wer seine Einstellung zu einem Thema verändert und sich dazu bewusst Symbole setzt, wird die stärkste Wirkung erfahren. Er kann auch unmöglich scheinende Ziele erreichen.

Wer, ohne davon zu wissen, mit betroffen ist, wird dennoch einen neuen Wind spüren, eine andere Stimmung wahrnehmen. Das kann auch in der Form sein, dass er plötzlich wieder mehr Freude an seinen Aufgaben hat oder einfach gerne im Hause ist, dass er aufmerksamer auf die Menschen in seiner Umgebung zugeht, insgesamt ausgeglichener und harmonischer ist.

Und das ist doch schon eine Menge, nicht wahr?

Barbara Arzmüller
Tempel der Seele
Spirituelles Wohnen
184 Seiten, A 5, broschiert
ISBN 978-3-938489-54-3

Gibt es Bereiche in Ihrem Leben, die nicht in Ordnung sind? Und gibt es Bereiche in Ihrer Wohnung, die Sie wenig oder ungern nutzen oder die notorisch unaufgeräumt sind? Das sollte Sie stutzig machen, denn nach dem alten Weisheitssatz „wie innen, so außen" spiegelt unser äußeres Umfeld unseren inneren Zustand wider!
Mit Pflanzen, Steinen, Düften, Farben, Klängen u.v.m. stellt die Autorin Lösungsvorschläge für jeden einzelnen Raum eines Hauses vor, verbunden mit Tipps zur energetischen Reinigung und Aktivierung des Energieflusses im Haus. Sie haben es also in der Hand, den Grundstein für ein Leben in Fülle und Freude selbst zu legen.

Marion Musenbichler
Es gibt keine Lösung – hier ist sie
Schwingungserhöhung durch Lichtsymbole!
256 Seiten, A5, broschiert
ISBN 978-3-938489-84-0

Dieses Buch berührt dein Herz und hebt dich in diesen Raum der Stille hinein. Und plötzlich geschieht alles von selbst, und nichts ist mehr so, wie es einmal war. Du musst nichts verstehen, denn die Botschaft zwischen den Zeilen streichelt ganz sanft deine Seele. Bilder und Worte werden genutzt, um direkt mit deiner emotionalen Datenbank zu kommunizieren und die Welt in dir zu erwecken. Diese sanfte Programmierung passt sich, deinem Bewusstsein entsprechend, an. Lehne dich also zurück, tue nichts, denke nicht nach und erzwinge nichts, - und alle Narben heilen.

Kornelia Wöllner
Erwachen in Liebe
Befreiung für die Menschheit
352 Seiten, A5, gebunden, mit Leseband
ISBN 978-3-938489-87-1

Die Autorin hilft zu erkennen, dass wir in einer Illusion der Trennung von unserem wahren Selbst leben. Indem wir uns diese Illusion zuerst bewusst machen, um sie dann fühlen zu können, ist Erlösung möglich – das Erwachen.
In unserem Prozess des Aufstiegs in eine neue Seinsdimension steht uns eine gigantische friedliebende Kraft zur Seite, die „Galaktische Förderation des Lichts", die uns Menschen am Ende der alten Zeitrechnung und mit Beginn des neuen Zeitalters – im Jahre 2012 – in Liebe aufnehmen wird.
Mit vielen praktischen Beispielen, wie sich diese Informationen im Alltag umsetzen lassen, damit wir ein Leben in Fülle und Gesundheit führen können.

Gabriela Kadanka
Thoth – Säule des Lebens
152 Seiten, A5, gebunden, mit Leseband
ISBN 978-3-938489-83-3

Es ist der Augenblick gekommen, euch Erdenkinder einen weiteren Teil des atlantischen Wissens freizugeben.
Die Spannungen und Schmerzen eures Rückens sowie auch die Spannungen und das Chaos auf eurem Planeten nehmen zu, weil ihr die Balance der Energien des Himmels und der Erde verloren habt.
Reinigt eure irdischen Säulen vom Schatten der Vergangenheit, lasst Altes los. Erlöst jeden Teil, jeden Wirbel eurer Säule.
Führt ihn aus dem Schatten der Vergänglichkeit ans Licht. Jeder Teil eurer Wirbelsäule trägt dazu bei, die Schwingung der Lichtsäule der Erde zu erhöhen.
Habt den Mut, die Wahrheit über euch zu hören und lernt, euch selbst zu lieben."

Ulrike Passern
Harmonie statt Angst
336 Seiten, A5, gebunden, mit Lesebändchen,
ISBN 978-3-938489-70-3

Erzengel Emanuel erklärt aus Sicht der Geistigen Welt, wie und wodurch Ängste entstehen und welchen Einfluss sie auf den Körper ausüben können. Anhand dieser Erklärungen wird verständlich, wie wir unsere Ängste erkennen und auflösen können, damit wieder Lebensfreude in unseren Alltag einkehren kann. Ein wichtiges Kapitel widmet die Autorin dem Thema physische Krankheiten, die durch Ängste entstehen, damit die Ursache bewusst gemacht sowie be- und verarbeitet werden kann. So werden die Selbstheilungskräfte im Körper geweckt und ein weiterer Schritt in ein „neues" Leben voller Harmonie getan.
Mit einem völlig neuen Ansatz zur Raucherentwöhnung.

Hanne Reinhardt
Du bist der Meister! - Die Wunder der Neuen Energie
280 Seiten, A5, broschiert
ISBN 978-3-938489-65-9

Hanne Reinhardt enthüllt Schritt für Schritt die Lehren der Neuen Energie und vermittelt uns ungeahnte Möglichkeiten. Zahlreiche Beispiele aus dem zwischenmenschlichen Leben, der Politik und der Religion führen uns vor Augen, was all die überlieferten und festgefahrenen Glaubenssätze und Strukturen aus uns in Wahrheit machen: Sklaven!
Aber, tröstet uns die Autorin, das Kapitel der Sklaverei und der damit verbundenen Verdummung der Menschheit ist nun endlich abgeschlossen. Die Neue Energie, die mit all ihren Segnungen JETZT hereinkommt, um der Abhängigkeit ein Ende zu machen, stellt jeden von uns vor die Wahl: Sklaverei oder Freiheit.
Wofür entscheiden Sie sich?

Madeleine Ponert
100 Steine zum Licht
Heilwissen der Engel
272 Seiten, A5, gebunden, mit Leseband
ISBN 978-3-938489-76-5

Ein völlig neues Werk über die Steilheilkunde, das sich allein auf gechannelte Informationen von Engelwesen stützt, die einen besonderen Grad der Reinheit besitzen und das subtile Wesen und den Charakter eines jeden Steins wunderbar verdeutlichen. Die Steinheilkunde für die Neue Zeit konzentriert sich nicht nur auf körperliche Aspekte, sondern geht auch auf die höheren Zusammenhänge der Heilung mit Steinen ein, damit durch diesem Prozess der inneren Wandlung ein bestimmtes Bewusstsein entwickelt werden kann und spirituelles Wachstum möglich ist, denn erst dann wird der Mensch in bewusster Einheit mit sich und Allem-was-ist leben können.
Mit traumhaft schönen Fotos, die die Verschmelzung der Steine mit der Natur auf einzigartige Weise wiedergeben.

Margit Steiner
Lady Nada - Aktivierung der inneren Heilkraft
Rituale für den Alltag
104 Seiten, A5, gebunden, mit Lesebändchen
ISBN 978-3-938489-71-0

Lady Nada, Meisterin der Lebensfreude und Hingabe, hilft uns, unsere tiefe, innere Weiblichkeit zu erkennen und zu unserer inneren Urkraft zu gelangen, damit das Bild der inneren, heilen Frau, die wir gerne sein möchten, Teil unserer Persönlichkeit werden kann. Durch die Verankerung dieses vollkommenen Wesens tief in unserem Herzen legen wir den Grundstein zu einem glücklichen und erfüllten Leben.
Einfache Rituale (auch für Kinder), Meditationen und Übungen, die die Autorin alle selbst im Alltag ausprobiert hat, helfen uns, mit Leichtigkeit aus den Mustern und Erfahrungen unserer Vergangenheit auszusteigen.

Anjana Gill
SOS – Rette deine Seele
... denn du bist so viel mehr!
240 Seiten, A5, gebunden, 4-farbig, mit Lesebändchen
ISBN 978-3-938489-68-0

In diesem Buch geht es um dich!
Wirst auch du von den Erwartungen und festgelegten Strukturen der Gesellschaft gelenkt? Lebst du das selbst bestimmte Leben, das du haben könntest und das dein Geburtsrecht ist? Nein? Dann geht es dir wie den meisten Menschen.
Lass dich von deiner Seele an die Hand nehmen. Sie zeigt, dir, was für dich richtig ist, und führt dich liebevoll auf deinen persönlichen Königsweg. Beginne zu entdecken, wer du wirklich bist – ein strahlender Diamant –, denn in dir steckt so viel mehr...

Sabine Skala
Atlantisheilkarten
44 Heilkarten mit Begleitbüchlein
ISBN 978-3-938489-78-9

44 neue Symbole aus verschiedenen Bereichen wurden jetzt von den atlantischen Priestern für die Menschheit freigegeben.
Diese Symbole strahlen eine sehr hohe Schwingung aus, die unser Leben wieder ins Gleichgewicht bringen kann, und wirken ganzheitlich auf allen Ebenen - körperlich, seelisch und geistig - und transformieren unsere Zellen so, wie es ihrem göttlichen Ursprung entspricht.
Den atlantischen Priestern ist es ein großes Anliegen, uns bei diesem Aufstiegsprozess in die Fünfte Dimension zu helfen, um in Liebe mit uns und anderen zu leben, denn nun ist es an der Zeit, wieder die Herzkommunikation, die Verbindung zur göttlichen Quelle und zu unserem höheren Selbst, aufzunehmen und eine Ära der göttlichen Liebe und des lichtvollen Friedens einzuläuten.

Josch van Feen
Affirmationen des Herzens
Kartenset mit 49 Herzkarten
ISBN 978-3-938489-64-2

Dieses Kartenset beleuchtet die drei Aspekte Sein, Körper und Miteinander eines jeden Menschen und ist wie ein Tarot zu verwenden. Jeweils sieben Kartenpaare aus den drei genannten Aspekten stehen in Wechselwirkung zueinander und regen dazu an, die eigene Ausrichtung zu überprüfen und gegebenenfalls zu verändern.
Hinzu kommen sieben weitere Herzkarten mit blanko Schreibfeldern, die mit eigenen Affirmationen beschrieben werden können – ein liebevolles Geschenk für sich selbst und/oder andere.
Der Umgang mit den Affirmationen des Herzens verändert zuerst uns selbst liebevoll und dann unsere Begegnung mit anderen, denn diese Karten öffnen das Herz und lassen uns das Göttliche im anderen erkennen.

Mara Ordemann
Meditationen des Herzens (CD)
ISBN 978-3-938489-52-9
Laufzeit ca. 60 Minuten

Eine kurze Morgenmeditation (ca. 5 Min.), um den Tag energiereich zu beginnen, sowie eine etwas längere Abendmeditation für einen sanften Übergang vom Arbeitstag in den Feierabend umrahmen drei liebevolle, von der Engelwesenheit KRYON durchgegebene Meditationen, die die unterschiedlichen Arten der Liebe mit Leben erfüllen:
Meditationen des Herzens, geschrieben und gesprochen von Mara Ordemann, der Verlegerin des Smaragd Verlags.